Teoria Geral da Empresa

O autor criou e inaugurou no universo jurídico e da gestão a **Teoria Geral da Empresa** *em 2003, quando ainda trabalhava em sua pesquisa de mestrado em Direito, concluída em 2004.*

Fruto do denso trabalho de pesquisa que resultou em uma sólida dissertação, defendida perante uma douta comissão e orientado pelo então maior empresarialista do país, esse trabalho deu origem à sua primeira edição em livro em 2006, uma segunda em 2008, e agora esta terceira edição, que já vem sendo seguida por outros autores comercialistas e empresarialistas.

O autor define como seu objetivo, apresentar sua teoria sob a ótica do Direito Comercial, bem como do novo Direito de Empresa, regulado pelo Código Civil, notadamente por buscar a sustentação e embasamento científico e histórico em ambas as doutrinas, legislações e autores italianos e franceses, entre outros, com fulcro na empresa.

Esta obra transmite com riqueza de detalhes os fundamentos da **Teoria Geral da Empresa**.

Prof. Eng° **Walter Guedes Filho**
Diretor Acadêmico da Universidade Paulista,
campus de Limeira

O Professor **João Augusto Cardoso** é Mestre em Direito, com ênfase em Direito Comercial, Empresarial e Propriedade Intelectual, pela UNIMEP. Cursou doutorado em *Ciencias Jurídicas y Sociales* pela UMSA (Argentina); e pós-graduações em: Administração de Empresas na EEP, Direito da Economia e da Empresa na FGV/RJ e Educação a Distância na UNIP. É Bacharel em Ciências Jurídicas e Sociais pela UNIPINHAL e Licenciado em Língua Portuguesa pelas FIMI. Atualmente cursa doutorado em Desenvolvimento Humano e Tecnologias pela UNESP. Cursou Direito Comercial Internacional na *Stetson University*, nos Estados Unidos; Propriedade Intelectual, e Direito de Autor e Direitos Conexos, pela OMPI; Propriedade Industrial pelo INPI e pela Escola da Magistratura do Estado do Rio de Janeiro (EMERJ); Propriedade Intelectual para Gestores de Tecnologia, módulos básico e avançado pela UNICAMP, INPI e OMPI. Foi Professor de Propriedade Industrial na Faculdade de Direito da UNIMEP e de Direito Empresarial nos cursos de pós-graduação em Administração de Empresas da Escola de Engenharia de Piracicaba e da Faculdade de Engenharia de Sorocaba. Foi secretário e presidente do Conselho Municipal da Educação e presidente da Academia Limeirense de Letras. É membro do Conselho Consultivo da Câmara de Arbitragem da Associação Comercial e Industrial de Limeira-SP. É autor das obras: Teoria Geral da Empresa (2006), Direitos Autorais no Trabalho Acadêmico (2008), Direito da Educação a Distância (2011) e Direitos Autorais dos Escritores (2012). É Advogado e Professor na Universidade Paulista.

Teoria Geral da Empresa

DADOS INTERNACIONAIS DE CATALOGAÇÃO NA PUBLICAÇÃO - CIP

346.07
C268t   Cardoso, João Augusto, 1963 -   .

         Teoria geral da empresa – 3. ed. – João Augusto Cardoso. –
Limeira [SP]: Juris Doctor, 2012.

         196 pgs., 14,5 x 21,5 cm.

         Referências bibliográficas.

         ISBN 978-85-88362-04-8

         1. Direito Comercial : Brasil. 2. Direito Empresarial.: Brasil.
3. Direito de Empresa : Direito Civil. I. Título.

06.135   CDD 346.07
                                           CDU 347.7

Índices para Catálogo Sistemático:

1- Direito Comercial: Brasil - CDD 346.07   CDU 347.7
2- Direito Empresarial: Brasil - CDU 34:338.93
3- Direito de Empresa: Direito Civil - CDU 34:338.93 (81) (094)
4- Direito Privado - CDD 347 - CDU 347

João Augusto Cardoso

Teoria Geral da Empresa

3ª Edição
Atualizada de acordo com a
Lei nº 12.441, de 11 de julho de 2011.

Juris Doctor

2012

© *Copyright* 2012 *by* Juris Doctor

Layout e arte final da capa:
Lucas Dibbern

Diagramação e editoração eletrônica:
Letras da Província

Revisão textual:
Augusto Dupré Neto

Revisão gráfica:
Juliana Helena Cardoso

Arte final e montagem:
Lucas Dibbern

Supervisão editorial:
Augusto Dupré Neto

Registro da obra na Biblioteca Nacional ©:
Jean Henrique Augusto Cardoso

Ficha Catalográfica:
Irdilene dos Santos - CRB-8/7428

1ª edição - 2006
2ª edição - 2008
3ª edição - 2012

Juris Doctor

Juris Doctor ® é marca registrada junto ao INPI
Caixa Postal 1001 – Limeira – SP – 13480-970

Ao Prof. Dr. Antonio Martin, um dos maiores empresarialistas brasileiros, meu professor e orientador durante o Mestrado em Direito e quem me aproximou da Teoria da Empresa, grande incentivador e apoiador da consecução desta obra, com apreço e gratidão.

*"L'impresa è l'atomo intorno al quale si muovono
le diverse cariche".*

Giandonato Salandra

Nota do Autor

A grafia da legislação e de obras de autores clássicos, nacionais e estrangeiros, que muitas vezes remontam ao século XIX, início e meados do século XX, permanecem conforme os originais, *ipisis litteris*, de acordo com a ortografia da época, não sendo alteradas ou atualizadas.

São exemplos os brasileiros Augusto Teixeira de Freitas (1858), Affonso Celso Assis Figueiredo (1888), Antonio Bento de Faria (1906), Spencer Vampré (1921), Benjamin do Carmo Braga Junior (1922), João da Gama Cerqueira (1946-1956), Clóvis Bevilaqua (1947-1958), dentre outros.

Alguns dos autores estrangeiros são os franceses Charles Lyon-Caen e Louis Renault (1896) e os italianos Cesare Vivante (1888-1928), Enrico Soprano (1931), Alberto Asquini (1943), Ugo Murano (1950), Lorenzo Mossa (1951), que além da legislação, constituem os fundamentos históricos apresentados na presente obra.

SUMÁRIO

INTRODUÇÃO

A partir da unificação legislativa dos Direitos Civil, Comercial e do Trabalho na Itália, com o advento do *Codice Civile* de 1942, o professor Alberto Asquini criou a chamada *teoria da empresa* baseada em seus perfis, eis que já restava superada há muito a teoria dos *atos de comércio*. O núcleo essencial dessa teoria é a empresa, ente economicamente organizado, porém não definido pelo código italiano, que se limitou a definir tão somente o empresário.

A unificação italiana não foi pacífica, pois somente se concretizou após duas tentativas, ainda que o professor Cesare Vivante já havia se retratado e voltado atrás há anos, quanto à sua célebre *Proluzione al corso di Diritto Commerciale*, com seu discurso *Per un codice unico delle obbligazioni*, realizado em 14 de janeiro de 1888, na *Università di Bologna*, quando atacou a autonomia do Direito Comercial em face do Civil.

Essa unificação das obrigações civis e mercantis teve a matéria comercial dividida no Código Civil italiano entre os Livros das Obrigações e do Trabalho, conquanto o instituto da falência foi relegado à legislação especial e o Direito Comercial Marítimo teve sua sede legal no Código das Navegações. Essa discussão, portanto, repercutiu sobremaneira na criação da *teoria da empresa*.

Embora a expressão empresa seja deveras conhecida e frequentemente utilizada, esta assume caráter diverso quanto ao seu uso, ora como objeto de direito, uma abstração com roupagem jurídica representada pelos seus atos constitutivos levados a registro na Junta Comercial, sem vida própria; ora como sujeito de direito, que existe independentemente da vida e da vontade de seus sócios; contrapontos, portanto, quanto à sua natureza jurídica.

No mais, há ainda outros empregos para o vocábulo empresa, que em nada contribuem e aumentam a dificuldade de uma definição uniforme que fosse pacificamente aceita pela doutrina: ora utilizada como estabelecimento, ora como organização e muitas vezes como sinônimo de sociedade empresarial, dentre outros usos.

Bergel, em sua célebre obra *Teoria Geral do Direito*, afirma que "em matéria jurídica, como na vida ou na natureza 'nada se perde; nada se cria; tudo se transforma'."[1] Nesse sentido, segundo Ugo Murano, *"copiosa è la letteratura sul problema dell'identificazione della nozione giuridica d'impresa"*.[2]

Destarte, para Tomazette, "a teoria da empresa representa uma grande evolução nos estudos do Direito Comercial, na medida em que altera a figura central das preocupações, transportando-a para a atividade empresarial".[3]

Para Lucíola Nerilo, "com o surgimento da teoria da empresa, o sujeito do direito comercial é o empresário – pessoa física ou jurídica – que exerce atividade econômica organizada, não importando a natureza dessa atividade"[4], quer seja ela tipicamente comercial, como aquela regida pelos arcaicos atos de comércio, quer industrial, agrícola ou mesmo na crescente área da prestação de serviços.

---

[1] BERGEL, Jean-Louis. **Teoria geral do direito**. 2001. p. 142.

[2] MURANO, Ugo. *La così detta proprietà commeciale e la sua tutela*. 1950. p. 128. **Tradução livre**: "Extensa é a literatura sobre o problema de identificação da noção jurídica da empresa."

[3] TOMAZETTE, Marlon. **A teoria da empresa:** o novo direito "comercial". 2002.

[4] NERILO, Lucíola Fabrete Lopes. **O direito empresarial superando o arcaico sistema dos atos de comércio**. 2002.

No Brasil, com o advento do Código Civil de 2002, houve uma unificação legislativa parcial do Direito Privado, quando o código brasileiro trouxe para si o então chamado Direito de Empresa, passando, nos mesmos moldes do código italiano, a regular a matéria empresarial. Porém, o novo Código Civil se limitou a revogar apenas a primeira parte do Código Comercial de 1850, permanecendo em vigor as demais matérias por ele tratadas, ainda sob à égide do tradicional Direito Comercial.

Da mesma forma que o código italiano, o Código Civil brasileiro não trouxe uma definição de empresa, restando aos doutrinadores uma conceituação análoga a partir do conceito de empresário, determinado por seu art. 966, e do conceito econômico de empresa, com o fim de construir um conceito jurídico a partir da observação e do estudo de sua natureza jurídica.

A presente obra tem como objeto a **_Teoria Geral da Empresa_** que inauguramos em 2003, como um capítulo em nossa dissertação de mestrado em Direito, concluída em 2004, dando origem à primeira edição em livro em 2006, uma segunda em 2008, e agora esta terceira edição, com o objetivo de se apresentar a matéria sob a ótica do Direito Comercial, bem como do novo Direito de Empresa, regulado pelo Código Civil, notadamente por buscar a sustentação e embasamento científico em ambas as doutrinas e legislações, com fulcro na empresa.

Antes disso, será conceituado o tradicional Direito Comercial e estudado o tratamento de sua autonomia em face do Direito Civil, ou seja, quando se discute a dicotomia do Direito Privado. A partir daí, passa-se a traçar seu histórico e sua evolução até a chegada Código Civil de 2002, para então alcançar a **_Teoria Geral da Empresa_** e o empresário, e para finalizá-la, a matéria é seguida pelos elementos de identificação da empresa.

Capítulo I

O DIREITO COMERCIAL

1- Conceito de Direito Comercial

Visando uma melhor compreensão dos temas relacionados à Teoria Geral da Empresa e ao Direito Comercial, passa-se a tratar do conceito de "Direito Comercial" como sendo ele, no contexto do direito brasileiro, um dos ramos do Direito Privado. No próximo tópico se analisará com mais afinco a questão da unificação legislativa parcial do Direito Privado.

Dentre os conceitos de Direito Comercial que aqui se apresentam, têm-se principalmente os dos reconhecidos tratadistas italianos, franceses e brasileiros, que trazem suas contribuições em seus tratados.

O italiano Cesare Vivante traz em seu tratado a seguinte conceituação: *"Il diritto commerciale è quella parte del diritto privato che ha principalmente per oggetto di regolare i rapporti giuridici che sorgono dall' esercizio del commercio"*.[5]

Já os franceses Lyon-Caen e Renault, afirmam em sua

---

[5] VIVANTE, Cesare. ***Tratatto di diritto commerciale***. 1928. v. 1. p. 1. **Tradução livre**: "O direito comercial é a parte do Direito Privado que tem principalmente por objeto regular as relações jurídicas que surgem do exercício do comércio".

obra que "*Le droit commercial lui-même vise à réglementer les relations entre individus qui donnent lieu à l'exercice du commerce*".[6]

Para o tratadista brasileiro José Xavier Carvalho de Mendonça: "O Direito Comercial vem a ser, destarte, a disciplina jurídica reguladora dos *atos de comércio* e, ao mesmo tempo, dos direitos e obrigações das pessoas que os exercem profissionalmente e dos seus auxiliares".[7]

A definição de Carvalho de Mendonça, como ele próprio afirma, aponta um sistema misto, pois se refere tanto ao fator objetivo (atos de comércio) como ao subjetivo (comerciante). Hoje não mais há que se falar em *atos de comércio*, nem tampouco em *comerciante*, e sim, em atividades de empresa e empresário.

Waldemar Ferreira, também tratadista brasileiro, conceitua Direito Comercial como sendo "o sistema de normas reguladoras das relações entre homens, constituintes do comércio, ou dele emergentes".[8]

O autor assevera que o Direito Comercial abrange em seu âmbito a ordenação das atividades mercantis, "medianeira na circulação dos bens entre produtores e consumidores", e assim sendo, o Direito Comercial é, "na essência e no objetivo, Direito Econômico".[9]

Fran Martins, em seu *Curso de direito comercial*, antes dele próprio trazer sua contribuição, traz os conceitos de outros autores comercialistas, como seguem.

O professor alemão Konrad Cosack entende que "o Direito Mercantil compreende todas as regras do Direito Privado que de modo especial se adaptam às necessárias

---

[6] RENAULT, Louis; LYON-CAEN, Charles. **Manuel de droit commercial**. 1896. p. 38. **Tradução livre:** "O Direito Comercial propriamente dito tem por fim regular relações entre particulares a que dá lugar o exercício do comércio".

[7] CARVALHO DE MENDONÇA, José Xavier. **Tratado de direito comercial brasileiro**. 2000. v. 1. p. 24.

[8] FERREIRA, Waldemar. **Tratado de direito comercial**. O estatuto histórico e dogmático do direito comercial. 1960. v.1. p. 9.

[9] Ibid. p. 10.

exigências do tráfego comercial". Por essa razão o autor expande o campo do Direito Comercial ao afirmar que,

> do fato de que o Direito Mercantil se adapte de modo especial às exigências do tráfico comercial não se segue que seja única e exclusivamente dito tráfico; pode ocorrer que algumas de suas regras respondam também, mais ou menos, às exigências da vida civil.[10]

O conceito do italiano Alfredo Rocco para Direito Comercial é: "o Direito do Comércio, ou seja, o complexo das normas jurídicas que regulam as relações derivadas da indústria comercial"[11], e por seu turno, para Lorenzo Mossa, o Direito Mercantil "é sempre o Direito da Economia organizada".[12]

Georges Ripert, tratadista francês da área civil, define o Direito Comercial como "a parte do Direito Privado que regula as operações jurídicas feitas pelos comerciantes, seja entre si, seja entre os seus clientes", e continua o mestre ensinando que "estas operações se ligam ao exercício do comércio e por isso são chamadas atos de comércio", assim alarga o âmbito do Direito Comercial ao concluir que: "como um destes atos pode ser realizado acidentalmente por uma pessoa não-comerciante, o Direito Comercial regula também estes atos, sem consideração à pessoa do seu autor".[13]

Após citar os conceitos acima elencados, Fran Martins seguindo a mesma linha de raciocínio dos autores por ele citados, que aqui se reproduziu, propõe a seguinte conceituação:

> Pode-se conceituar o Direito Comercial como sendo o conjunto de normas jurídicas que regulam os atos necessários às atividades dos comerciantes no exercício

---

¹⁰ COSACK, Konrad apud MARTINS, Fran. **Curso de direito comercial**. 1979. p. 24.

¹¹ ROCCO, Alfredo apud MARTINS, Fran. Op. cit. p. 24.

¹² MOSSA, Lorenzo. ***Trattato del nuovo diritto commerciale***. 1951. p. 31.

¹³ RIPERT, Georges apud MARTINS, Fran. Op. cit. p. 23.

de sua profissão, bem como os atos pela Lei considerados comerciais, mesmo praticados por não-comerciantes.[14]

A partir da conceituação do Direito Comercial nas palavras dos mais renomados autores da doutrina brasileira e estrangeira, pretende-se avançar o estudo e discutir as questões atinentes à dicotomia do Direito Privado, propiciando melhor percepção das matérias antes reguladas estritamente pelo Direito Comercial, agora sendo tuteladas pelo Código Civil, na parte que inaugurou legislativamente o chamado Direito de Empresa.

2- A Autonomia do Direito Comercial

A discussão acerca da unificação do Direito Privado não é recente, tendo sido inaugurada pelo civilista brasileiro Augusto Teixeira de Freitas, que por incumbência do governo imperial, passou a sistematizar e consolidar a legislação civil em 1855, 33 anos antes da *Proluzione al corso di Diritto Commerciale* de Cesare Vivante; bem como por preparar um projeto de Código Civil entre 1858 e 1864.[15]

Em 1867, Teixeira de Freitas abandonou o projeto inicial, partindo para a unificação das obrigações civis e comerciais num único Código Geral, porém, não sendo utilizado.[16] Foi, portanto, Clóvis Bevilaqua o autor do projeto do então Código Civil brasileiro de 1916, que esteve em vigor no Brasil até 2003, um ano após a publicação do atual Código Civil, quando entrou em vigor.

---

[14] MARTINS, Fran. **Curso de direito comercial**. 1979. p. 25.

[15] FREITAS, Augusto Teixeira de. **Consolidação das leis civis**. 1858 (fac-similar 2003).

[16] SILVA, Luiz Antonio Guerra da. **Da inserção da matéria mercantil no código civil de 2002**. 2006.

A importância do trabalho de Teixeira de Freitas foi surpreendente, visto que à época influenciou a legislação na América Latina e na Europa, destacando-se os códigos argentino, a encargo de Dalmacio Vélez Sarsfield, e o paraguaio. A Suíça, por exemplo, em 1881, promulgou seu código, que também unificou as obrigações civis e comerciais.[17]

Em tal discussão se analisa a autonomia do Direito Comercial face ao Direito Civil. Carvalho de Mendonça, em seu Tratado, preleciona que "traçar a linha divisória entre a matéria comercial e a matéria civil", constitui-se um "árduo problema inicial no estudo do Direito Comercial".[18]

> Quando se passou a discutir, na doutrina, a própria condição do Direito Comercial, como ramo autônomo do Direito, em decorrência, aliás, da sua nascente visão científica, que surgiu e veio à tona, nos argumentos pró e contra a autonomia do Direito Comercial, a questão da natureza das suas normas, vistas ou não pelo ângulo da estrutura da função.[19]

A expressão "matéria de comércio" foi desenvolvida, como ensina Carvalho de Mendonça, nos extintos Tribunais de Comércio[20], passando depois "a designar o conteúdo do Direito Comercial"[21], que segundo Vivante, "incluem pessoas e negócios que passam bens de quem os produz para quem os

---

[17] RABINOVICH-BERKMAN, Ricardo David. **Bom dia, história do direito**. 2001. p. 99.

[18] CARVALHO DE MENDONÇA, José Xavier. **Tratado de direito comercial brasileiro**. 2000. v. 1. p. 28.

[19] BULGARELLI, Waldírio. **Normas jurídicas empresariais**. 2000. p. 62.

[20] "Os Tribunais do Comércio tinham exclusividade na jurisdição de contendas envolvendo os comerciantes e seus juízes (chamados cônsules) eram também comerciantes. No Brasil, o Tribunal do Comércio existiu até 1875 quando, por Decreto, sua função judicante foi transferida para a Justiça Comum." NERILO, Lucíola Fabrete Lopes. **O direito empresarial superando o arcaico sistema dos atos de comércio**. 2002.

[21] CARVALHO DE MENDONÇA, José Xavier. Op. cit. p. 26.

consome, e que repassam o preço do consumidor para o produtor"[22].

Clóvis Bevilaqua, em seu *Código Civil comentado*, nos ensina que o Direito Comercial e o Direito Civil, "diferentes como são, cada um deve necessariamente abranger uma série de relações sociais e econômicas próprias e bem definidas; cada qual tem a sua matéria, o seu território".[23]

Orlando Gomes, em sua obra *Direito econômico*, dedicou um capítulo para o tema que intitulou de *A comercialização do direito civil*. Nesse estudo, o autor analisa a problemática da unidade ou dualidade do Direito Privado, discorrendo entre outros fatos, sobre a "unificação legislativa" do Direito Civil e do Direito Comercial; o "espírito mercantil", que dominou não somente os não-comerciantes, como também, até o próprio Estado, através do surgimento das empresas públicas que passaram a ter o lucro como objetivo final.[24]

O autor ainda preleciona que a expressão "comercialização do Direito Civil" foi mencionada pela primeira vez por Riesser, em 1894, quando do Projeto do Código Civil alemão, sendo que "daí por diante, não faltaram vozes para apregoá-la", porém é na atualidade, que a "investigação apertou por ser um dos mais atraentes sintomas da crise do Direito".[25]

Nesse sentido, o doutrinador aponta alguns "postulados do Direito Mercantil que estavam migrando para o Direito Civil ou prevalecendo onde foi formalmente unificado o Direito Privado", assim, três sinais exteriores foram indicados por Broseta Pont:

---

[22] VIVANTE, Cesare. **Tratatto di diritto commerciale**. 1928. v. 1. p. 43.

[23] BEVILAQUA, Clóvis. **Código civil dos Estados Unidos do Brasil commentado**. 1947. v. 1. p. 12. Cf. CARVALHO DE MENDONÇA, José Xavier. Op. cit. p. 27.

[24] GOMES, Orlando. **Direito econômico**. 1975. p. 48.

[25] Ibid. p. 48.

1.º - a crescente emigração, para o Direito Civil, de normas e instituições do Direito Comercial.

2.º - a crescente difusão do espírito mercantil;

3.º - a progressiva postergação dos contratos civis pelos comerciais.[26]

Alguns princípios gerais de Direito Comercial, também foram indicados por Rocco:

1.º - o dinheiro, se presume sempre frugífero;

2.º - as obrigações se presumem solidárias;

3.º - nenhuma prestação se presume gratuita;

4.º - é livre a prova dos atos jurídicos.[27]

Como já se verificou, em 1888, Vivante pronunciou o célebre discurso na Universidade de Bolonha, Itália, em aula magna do curso de Direito Comercial, defendendo a unificação do direito privado[28], confrontando a autonomia do Direito Comercial em face do Direito Civil[29], servindo de referencial a ser seguido para o Direito americano e o inglês, que se utilizam de uma teoria geral para regular todas as relações privadas.

Em seu discurso, Vivante critica o Código de Obrigações da Suíça, que difundiu sobre todas as classes os usos e costumes comerciais, e desta forma submete ao regime do Direito Comercial, "pessoas estranhas ao comércio"; procurando demonstrar o quanto restaria

---

[26] PONT, Broseta apud GOMES, Orlando. **Direito econômico**. 1975. p. 48

[27] ROCCO apud GOMES, Orlando. Op. cit. p. 48.

[28] "Bobbio diz que a originária diferenciação entre o direito público e o privado é acompanhada pela afirmação da supremacia do público sobre o privado. Costuma-se dizer que o direito privado regulamenta as relações entre iguais, e o direito público, as relações entre desiguais." NERILO, Lucíola Fabrete Lopes. **O direito empresarial superando o arcaico sistema dos atos de comércio**. 2002. Cf.: BOBBIO, Norberto. **Estado, governo, sociedade**. Para uma teoria geral da política. 1987. pp. 14-15.

[29] VIVANTE, Cesare. *Proluzione al corso di Diritto Commerciale. Per un codice unico delle obbligazioni*. 1888.

prejudicado os interesses da justiça, "pois quem a reclama deve frequentemente aventurar-se a uma causa preliminar para saber onde e como pode exercitar seu direito", ou seja, "se o pleito é civil ou comercial".[30]

Vivante destacou como fator negativo, também, a possibilidade concedida pelas leis aos magistrados, para que estes pudessem "atribuir o caráter mercantil aos atos que não figuram na enumeração dos atos de comércio"; asseverou, ainda, acerca da "deficiência nos estudos, pelos comercialistas, das regras gerais", afirmando, desta forma, que o particularismo destes operadores do Direito, colocava-os na seguinte situação: "quando se deparam com instituições novas os improvisados jurisconsultos, tendem a formular uma regra nova – falam a cada passo de contratos *sui generis*".[31]

Porém, ao iniciar a reforma do Código Comercial italiano, que culminou no conhecido *Progetto Preliminare*, em 1919, Vivante então nomeado presidente da comissão, passou a repensar sobre o que discursara em sua *Proluzione*, em Bolonha, cerca de 20 anos antes. Sua retratação veio com o tempo, reconhecendo publicamente a autonomia do direito comercial, em face do direito civil.

Nas palavras de Rubens Requião:

> Em contato profundo com a elaboração positiva do Direito Comercial, Vivante teve o altaneiro espírito de se retratar, confessando o erro doutrinário que cometera na aula de Bolonha. Revela sua conversão à dicotomia na introdução da quinta edição de seu clássico *Trattato*. A unificação acarreta "um grave prejuízo" para o Direito Comercial – passa a sustentar. Justifica-se a autonomia pela diferença de método entre Direito Civil e o Direito Comercial: neste prevalece o

---

[30] VIVANTE, Cesare. **Proluzione al corso di Diritto Commerciale**. *Per un codice unico delle obbligazioni.* 1888. Cf. REQUIÃO, Rubens. **Curso de direito comercial**. 2003. v. 1. pp. 18-19.

[31] REQUIÃO, Rubens. Op. cit. pp. 18-19.

método indutivo; naquele, o dedutivo. [...] Os negócios à distância, entre ausentes, são problemas que o Direito Civil não resolve, e, por fim, o Direito Comercial regula os negócios em massa, ao passo que o Direito Civil se ocupa de atos isolados.[32]

Em sua introdução à quinta edição de seu *Trattato*, em que se retratou publicamente e voltou atrás, Vivante imortalizou a seguinte frase:

> *dalla nascita alla tomba, pel corteo battesimale, per la festa di nozze, per le onoranze dei'morti, è sempre il Codice di commercia che ormai governa l'atto del' cittadino che contrae con un'impresa mercantile.*[33]

Tal a repercussão do pronunciamento de Vivante quanto à divisão do Direito Privado, que se encontra em diversas obras de autores pátrios, comentando tal discussão, bem como sua retratação, como se verifica em trecho de Bulgarelli:

> Em relação à discutida autonomia do Direito Comercial, terá sido, sem dúvida, a posição que causou maior impacto, a de Cesare Vivante, na sua oração (*proluzione*), em fins do século passado[34], em que apresentava uma série de argumentos de peso contra a autonomia do Direito Comercial, posição que posteriormente reviu, também na sua não menos importante retratação, em 1919.[35]

Como bem lembrado por nosso colega de cátedra do doutorado em *Ciencias Jurídicas y Sociales,* Luiz Antonio Guerra da Silva, João Eunápio Borges afirmou que "em

---

[32] REQUIÃO, Rubens. Op. cit. p. 20.

[33] VIVANTE, Cesare. **Trattato di diritto commerciale**. 1928. v. 1. p. 7. **Tradução livre**: "do nascimento à sepultura, para a procissão batismal, para a festa de casamento, para a homenagem aos mortos, é sempre o Código Comercial que passa a reger o ato do cidadão que contrata com empresa mercantil."

[34] Bulgarelli se refere ao século XIX.

[35] BULGARELLI, Waldírio. **Normas jurídicas empresariais**. 2000. p. 62.

1925, na mesma linha de pensamento, Vivante, em artigo publicado na *Rivista del Diritto Comercialle*, afirmou publicamente sua conversão à autonomia do Direito Comercial e do Civil, deixando perplexo o mundo jurídico, quando disse"[36]:

> A diferença de método nas codificações civis e mercantis, a disciplina dos títulos de crédito, os negócios celebrados em massa e sobretudo a índole cosmopolita do comércio e do direito comercial, convenceram-me da inconveniência da unificação que acarretaria "grave prejuízo ao progresso do direito comercial.[37]

Ainda sobre a unificação, Requião referencia as palavras do professor Alfredo Rocco:

> Ora, que as normas concernentes ao comércio e as concernentes à vida civil estejam contidas em um ou em dois códigos não é a coisa que tenha grande importância sob o ponto de vista científico. O Direito Comercial poderia permanecer um Direito autônomo e, portanto, a ciência comercial uma ciência jurídica autônoma, ainda que as normas do Direito Comercial estivessem contidas em um código único, conjuntamente com as do Direito Civil das obrigações.[38]

Na visão de Requião, "a controvérsia doutrinária sobre a unificação do Direito Privado" se tornou o problema mais sério do Direito brasileiro.

Atualmente, nosso Código Comercial teve sua Parte Primeira – Do Comércio em Geral, revogada (do art. 1º ao 456), porém tal fato em nada implica no desaparecimento do Direito Comercial; ao contrário, o Direito Mercantil encontra-se

---

[36] SILVA, Luiz Antonio Guerra da. **Da inserção da matéria mercantil no código civil de 2002**. 2006.

[37] BORGES, João Eunápio. **Curso de direito comercial terrestre**. 1959, p. 60. Cf. SILVA, Luiz Antonio Guerra da. Op. cit. 2006.

[38] ROCCO, Alfredo apud REQUIÃO, Rubens. Op. cit. p. 22.

cada vez mais em evidência, conforme podemos deduzir das observações de Requião:

> A comercialização das atividades civis evidencia-se em todos os instantes. As necessidades do crédito, por exemplo, levaram não há muito, entre nós, à declaração legislativa da comercialidade das empresas de construção civil, e, posteriormente, sujeitou-se à falência a empresa de incorporação de imóveis, mercantilizando-se atividades e atos que permaneciam eminentemente civis.[39]

Requião ressalta "que será ilusória a unificação do Direito Obrigacional", se o instituto da falência continuar a ter caráter puramente mercantil, no tocante à questão da insolvência, pois "não será possível atingir a verdadeira unificação enquanto persistir a divisão básica no trato do empresário civil e do empresário comercial, da sociedade civil e da sociedade comercial".[40]

E compartilhando desta tese, deparamos com alguns ilustres doutrinadores, que como Requião, defendem a extensão do instituto da falência aos não-comerciantes. São eles: Inglez de Souza, José Xavier Carvalho de Mendonça, Waldemar Ferreira, Otávio Mendes, e também, Trajano de Miranda Valverde, que particularmente acentua:

> no estado atual do nosso Direito, regulada que se acha a atividade econômica por leis civis e leis comerciais, por mais íntima que seja a ligação entre elas, inconfundíveis são, sem dúvida nenhuma, em pontos importantíssimos, as situações jurídicas resultantes dos atos regidos por um ou outro Direito. Ora, a unificação da insolvência civil e da insolvência comercial não se pode operar, no Direito brasileiro, sem radicais transformações na legislação civil. A unicidade, por

---

[39] REQUIÃO, Rubens. Op. cit. pp. 21-22.

[40] Ibid. p. 23.

> isso, do processo de concurso, ou há de pressupor, senão já um Código Geral das Obrigações, pelo menos a supressão das diferenças acentuadíssimas que assinalam os limites da atividade civil e da atividade comercial, individual ou associativa, a instituição de regras mais amplas, de ligação ou passagem de um a outro Direito[41].

Carvalho de Mendonça preleciona que tanto o Direito Comercial como o Direito Civil provêm de uma única fonte – o Direito Privado, tendo cada um "vida autônoma, sem sujeição ou dependência de um para com o outro", e prossegue, afirmando, que é impossível "ser comercialista sem conhecer a fundo o Direito Civil".[42]

Ele nos ensina, ainda, que já na Constituição Republicana de 1891, em seu artigo 34, n° 23, estava expressa a independência do Direito Comercial em face do Direito Civil, atualmente, encontramos igual disposição no artigo 22, inciso I da Constituição Federal de 1988. Segundo a lição do autor:

> O Direito Comercial não é um prolongamento do Direito Civil, nem exceção às regras deste; mas uma das zonas do Direito Privado, regulando os direitos e as obrigações de uma classe de industriais e, ao mesmo tempo, institutos especiais que, por arbítrio legislativo, justificável ou não, foram afastados do Direito Civil.[43]

Como prelecionou Adamastor Lima, "O primeiro fundador do movimento de unificação foi o civilista brasileiro Teixeira de Freitas, que precedeu de muitos anos a Vivante, como salientou Túlio Ascarelli".[44]

---

[41] VALVERDE, Trajano de Miranda apud REQUIÃO, Rubens. **Curso de direito comercial**. 2003. v. 1. pp.23-24.

[42] CARVALHO DE MENDONÇA, José Xavier. **Tratado de direito comercial brasileiro**, 2000. p. 39.

[43] Ibid. p. 30.

[44] SILVA, Luiz Antonio Guerra da. **Da inserção da matéria mercantil no código civil de 2002**. 2006.

Assim, ao se estudar a autonomia do Direito Comercial, constata-se que é matéria controversa, ainda não resolvida na doutrina e na legislação brasileira, reforçando a tese de que as "normas empresariais, conquanto obedeçam e sigam na sua configuração os esquemas e tipos das normas jurídicas em geral, apresentam certas características próprias",[45] destacando-se das normas civilistas.

Logo, as normas comerciais ou modernamente chamadas de normas empresariais, estando elas voltadas para um regime jurídico específico ou especial para empresários, "que se apresenta quase completo, com a regulação de direitos, ônus/obrigações, proteção e responsabilidades, envolto por um conceito a bem dizer prévio, que atua como verdadeiro pressuposto, consistente em elementos qualificadores daqueles a quem o regime é destinado". Além disso, na teoria de Bulgarelli, acrescentando-se as "normas reguladoras das atividades, bem como de regulação de certos órgãos ligados à atividade empresarial", dando como exemplo o Registro de Empresas Mercantis e Atividades Afins, "o Instituto Nacional da Propriedade Industrial, a Comissão de Valores Mobiliários etc".[46]

"Vivante já indagava sobre o que se considerava *questione di confini*, quando pesquisava a posição do Direito Comercial e até onde ia sua autoridade perante o Direito Civil, o que então e ainda hoje é conhecido como 'matéria do comércio'."[47]

De qualquer forma, esta controversa questão ainda se encontra pendente, tanto na doutrina quanto na legislação, visto que diversos institutos tutelados pelo Direito Comercial são destinados tão somente às atividades empresariais e mesmo àquelas que lhe são afins, ainda que em sub-ramos, como é o caso da propriedade industrial que cuida das marcas, das

---

[45] BULGARELLI, Waldírio. **Normas jurídicas empresariais**. 2000. p. 61.

[46] Ibid. pp. 61-62.

[47] Ibid. p. 63.

patentes de invenção ou de modelo de utilidade, dos desenhos industriais, das indicações geográficas, da repressão à concorrência desleal, da franquia, etc.

> Essa pendência, como é natural, aguçou a busca de fundamentos científicos para o Direito Comercial, tendo em vista também a sistematização da sua autonomia, em decorrência da qual surgiu com vigor a necessidade de conceituar, identificar e classificar as normas comerciais/empresariais e sua posição no sistema.[48]

Pendente, ainda que esteja na doutrina pátria, para a legislação a questão já vem sendo melhor contornada, eis que há uma unificação parcial do Direito Privado, notadamente pela recepção pelo Código Civil de matéria comercial, ora empresarial, ainda que sejamos afiliados à doutrina dicotômica, conservando no universo das ciências jurídicas as disciplinas dos Direitos Comercial e Civil como autônomas. Não só pelo tradicionalismo, como também na forma prevista pelo art. 22, I, da Constituição Federal de 1988, considerando-as distintas e inconfundíveis como são, notadamente pela análise das diversas situações jurídicas resultantes dos atos tutelados tanto pelo Direito Comercial quanto pelo Direito Civil.

3- A Evolução do Direito Comercial

Ronaldo Leite Pedrosa assevera que, "extremamente dinâmico, o Direito Comercial, de forma contraditória, tem o código mais antigo em vigor no Brasil, datado do Século XIX! É a lei nº 556, de 25.06.1850"[49], ainda que toda sua primeira parte tenha sido revogada pelo Código Civil de 2002.

A evolução do Direito Comercial se confunde com a

---

[48] BULGARELLI, Waldírio. Op. cit. p. 63.

[49] PEDROSA, Ronaldo Leite. **Direito em história**. 2000. p. 350.

evolução do comércio, assim, como ensina Fran Martins:

> Ao estudar-se o desenvolvimento do Direito Comercial não se pode isolá-lo da evolução do comércio. Surgindo para regular relações entre comerciantes, só mais tarde tendo um âmbito maior, de modo a sobrepujar-se ao comércio para abranger mesmo as relações jurídicas de caráter civil, nos primeiros tempos o Direito Comercial foi como que uma decorrência das transações econômicas de indivíduos que tinham por profissão fazer circular as mercadorias[50].

Nas lições de De Plácido e Silva, encontra-se que todos os homens, desde os mais remotos tempos, exerceram o comércio, "pela razão de serem dotados de aptidões diversas, de se acharem em várias situações, de experimentarem diferentes necessidades"[51].

Em seu *Tratado Elementar de Direito Commercial*, Spencer Vampré ao estudar o desenvolvimento histórico do Direito Comercial, situa-o em três períodos: na Antiguidade, na Idade Média e nos Tempos Modernos[52], esta divisão também é realizada, dentre outros autores, como Carvalho de Mendonça[53], por exemplo.

Na presente obra se fará uso desta mesma divisão, a seguir, porém, sem se olvidar mais adiante das importantes transformações que vem sofrendo o Direito Comercial, alcançando o Direito de Empresa ou Direito Empresarial.

---

[50] MARTINS, Fran. **Curso de direito comercial**. 1979. p. 7

[51] SILVA, De Plácido e. **Noções práticas de direito comercial**. 19[??]. p. 22.

[52] VAMPRÉ, Spencer. *Tratado elementar de direito commercial*. 1921. v. 1. p. 21.

[53] CARVALHO DE MENDONÇA, José Xavier. **Tratado de direito comercial brasileiro**. 2000. v. 1. p. 61.

3.1- O Desenvolvimento do Direito Comercial na Antiguidade

De Plácido e Silva afirma que o comércio encontra sua gênese "no momento em que dois homens se encontraram e sentiram a necessidade de trocar ou permutar seus serviços ou as coisas que possuíam" e desta forma "a história do comércio é a história da própria civilização".[54]

Se a primeira manifestação de comércio foi a troca, nesse sentido ensina Waldemar Ferreira que "nenhuma tribo ou povo se libertou da fatalidade dessa lei econômica, profunda e eminentemente humana"[55].

O autor preleciona ainda que a moeda transfigurou a troca na "compra e venda". Em um primeiro momento, a compra e venda eram realizadas somente na modalidade que hoje denominamos "à vista", porém sob a influência do capitalismo inseriu-se na compra e venda (dois atos que eram realizados simultaneamente) um determinado lapso de tempo denominado de "crédito".

> Interpôs-se o tempo na compra e venda, como elemento psicológico de prestância considerável, imprimindo-lhe maior elasticidade. [...] A entrega da mercadoria passou a realizar-se mediante a promessa do pagamento do preço em tempo determinado ou suscetível de se determinar. Institui-se a venda a crédito, ou seja, a troca da mercadoria presente pela moeda futura.[56]

Na Antiguidade, conforme ensina Vampré, foram os fenícios (povo de navegadores e comerciantes) que intermediaram o comércio entre Ásia e a costa do

---

[54] SILVA, De Plácido e. Op. cit. p. 23.

[55] FERREIRA, Waldemar. **Tratado de direito comercial**. 1960. v.1. p. 14.

[56] Ibid. p. 17.

Mediterrâneo e, assim, estabeleceram as primeiras regras especiais voltadas à disciplinar as operações do comércio terrestre e marítimo.[57]

Como assevera Carvalho de Mendonça, os romanos não tiveram um Direito Comercial, não existia "um corpo orgânico de disposições relativas às especulações mercantis". Apesar de Roma ter se constituído em importante praça comercial e bancária, "os jurisconsultos romanos não podiam compreender a divisão do Direito Privado em duas categorias, reservando um ramo especial para a atividade mercantil".[58]

3.2- O Direito Comercial na Idade Média

É na Idade Média, conforme entendimento da grande maioria dos comercialistas, que o Direito Comercial efetivamente surgiu, portando nessa fase um aspecto puramente subjetivo, voltado aos comerciantes.

Nos primórdios da Idade Média, surgiram na bacia do Mediterrâneo, pequenas repúblicas, que iniciaram ativa navegação, incrementada, sobretudo pelo comércio com o Oriente.

Geraldo Hodgett ensina que:

> As cidades exerceram um papel fundamental para no desenvolvimento do comércio na Idade Média, fato esse que significou de máxima importância para o renascimento do comércio que se iniciou, em algumas regiões da Europa, no século X e que continuou a florescer e expandir até a primeira metade do século XIV.[59]

---

[57] VAMPRÉ, Spencer. *Tratado elementar de direito commercial*. 1921. v. 1. p. 22.

[58] CARVALHO DE MENDONÇA, José Xavier. **Tratado de direito comércial brasileiro**. 2000. v. 1. p. 63.

[59] HODGETT, Gerald A. J. **História social e econômica da idade média.** 1975. p. 73.

Prosseguindo, Hodgett ao tratar do comércio europeu medieval, faz a seguinte preleção:

> A Liga Hanseática começou com a formação de associações de alemães no estrangeiro, dentre os quais as de Wisby e Londres foram as primeiras. O termo *Hansa* foi inicialmente usado para designar o direito dos mercadores de constituir associações comerciais, tendo sido utilizado pela primeira vez na Inglaterra, embora, no início do século XIII, já não fosse mais aplicado aos burgueses das cidades inglesas, tornando-se restrito às organizações de mercadores estrangeiros em Londres.[60]

Em Londres, "os mercadores de Colônia organizaram uma *Hansa* que se desenvolveu para finalmente constituir a Hansa da balança Romana, abrangendo todos ou quase todos os mercadores alemães que negociavam em Londres".[61]

Neste contexto, surge o Direito Marítimo, "cujos preceitos fundamentais, aliás, se continham já na *Lex Rhodia* de Jactu (Digesto, liv. XIV, tit. II); a falência, o contrato de câmbio; e o uso das letras, ou títulos de crédito."[62]

Foram constituídas as Corporações, com o objetivo de defender os interesses dos mercadores que, quando agrupadas mais vastamente, recebiam a denominação de *universidades*, *comunidades de mercadores* ou *mercancias*.

As corporações de mercadores, segundo Requião:

> Foram se criando ao mesmo passo em que se delineavam os contornos da cidade medieval, e como principal e organizada classe, enriquecida de recursos, as corporações obtêm grande sucesso e poderes políticos, a ponto de conquistarem a autonomia para alguns centros comerciais, de que citavam como exemplo as

---

[60] HODGETT, Gerald A. J. Op. cit. p. 103

[61] Ibid. p. 103

[62] VAMPRÉ, Spencer. Op. cit. p. 23.

poderosas cidades italianas de Veneza, Florença, Gênova, Amalfi e outras.[63]

Essas corporações exerceram grande influência no governo das Comunas, onde criaram Tribunais Especiais, voltados para o conhecimento das causas dos mercadores, "os quais julgavam rapidamente, de acordo com a boa fé, os usos, e a equidade, antes do que pelas regras escritas e pelas sutilezas do Direito Civil"[64].

Outro fato que merece ser destacado com relação às corporações, é que foram elas que, na Idade Média, protegiam o emprego de "marcas figuradas, constituídas de linhas retas ou curvas", reconhecidas como "Direito Privado absoluto; - que mais tarde caiu em desuso, e somente em tempos recentes foi implantada - alguns autores acentuam que tais marcas eram obrigatórias para atestar a conformidade dos produtos com os tipos regulamentares".[65]

O aspecto de Direito especial, peculiaridade característica do Direito Comercial que se conserva até hoje, é fruto das restrições impostas à liberdade do comércio, e os privilégios exclusivistas das corporações de mercadores, que possuíam direitos e prerrogativas distintas dos demais cidadãos.[66]

Formava-se, assim, um Direito consuetudinário, consignado em assentos, ou registros, por ordem cronológica, denominada de estatutos.

Alfredo Rocco faz menção a esses estatutos:

> Aos costumes formados e difundidos pelos mercadores, só estes estavam vinculados; os estatutos das corporações estendiam a sua autoridade até onde chegava a autoridade dos magistrados das corporações, isto é, até aos inscritos na matrícula; e,

---

[63] REQUIÃO, Rubens. **Curso de direito comercial**. 2003. v.1. pp. 9-10.

[64] VAMPRÉ, Spencer. *Tratado elementar de direito commercial*. 1921. p. 23.

[65] REQUIÃO, Rubens. Op. cit. p. 240.

[66] VAMPRÉ, Spencer. Op. cit. p. 24.

igualmente à jurisdição consular estavam sujeitos, somente, os membros da corporação.[67]

Vampré afirma que "os mais antigos desses estatutos são o *Constitutum Usum* e os *Breviae Curiae Maris*, ambos da República de Pisa, o primeiro dos quais remonta ao ano de 1160, e o segundo ao de 1298".[68]

Por todas essas peculiaridades, pôde-se concluir que o Direito Comercial, tal qual se apresenta hoje, "como um conjunto de normas jurídicas especiais, diversas do Direito Civil, para regular as atividades profissionais dos comerciantes, tem a sua origem na Idade Média"[69].

Nesse sentido, também disserta Rubens Requião que "o Direito Comercial surgiu, fragmentariamente, na Idade Média, pela imposição do desenvolvimento do tráfico mercantil.[70]

3.3- Do Direito Comercial Moderno ao Contemporâneo

A França elaborou o primeiro Código Comercial, que teve como precedentes duas famosas Ordenanças, que foram consolidadas por Luiz XIV, consideradas como princípios do Direito Comercial. A primeira Ordenança, de 1673 é relativa ao comércio terrestre e a segunda, de 1681 é relativa ao comércio marítimo. O sistema corporativo foi extinto em 1791 pela Lei *Le Chapelier.*[71]

Com relação à Propriedade Industrial, em 1803, surge na França legislação especial que disciplinou matéria referente às marcas, organizando "inclusive o registro, incluindo suas contrafações nas penas dos crimes por falsificação de

---

[67] ROCCO, Alfredo. Apud. REQUIÃO, Rubens. Op. cit. p. 11.

[68] VAMPRÉ, Spencer. Op. cit. p. 23.

[69] MARTINS, Fran. **Curso de direito comercial**. 1979. p. 9.

[70] REQUIÃO, Rubens. Op. cit. p. 8.

[71] FERREIRA, Waldemar. **Tratado de direito comercial**. 1960. v.1. p. 65.

documentos privados, com perdas e danos; tendo surgido, após essa data, nova legislação somente em 1857".[72]

Aproveitando grande parte dos preceitos consolidados nas Ordenanças, iniciados na Revolução Francesa, surge o Código Comercial francês, que foi concluído por Napoleão I. Datado de 1807, o Código francês entrou em vigor em 1º de janeiro de 1808, sendo restaurado em 1814, após a queda de Napoleão[73].

Quanto ao Código francês de 1807, Waldemar Ferreira assevera que:

> Não apenas o primeiro Código de Comércio moderno. Surgido em momento histórico oportuno, em que o comércio, mercê das descobertas científicas e da rapidez dos meios de comunicações se havia transformado muitíssimo e alargado o volume de suas operações, constituiu o marco legislativo lindeiro da nova época do Direito Comercial.[74]

Nesse sentido, disserta Carvalho de Mendonça:

> Este Código dilatou consideravelmente a esfera do Direito Comercial, incluindo no seu quadro muitos atos da vida econômica e jurídica que, em razão da sua excepcional natureza, exigiam facilidade de prova, prescrição breve, rapidez processual e competência técnica dos juízes, elementos que se tornaram característicos daquele Direito. Hesitou-se em imprimir ao Direito Comercial o caráter pessoal, para que se não o tomasse como Direito de uma corporação, com ofensa dos princípios de igualdade, proclamados pela revolução.[75]

---

[72] REQUIÃO, Rubens. **Curso de direito comercial**. 2003. v.1. p. 142.

[73] CARVALHO DE MENDONÇA, José Xavier. **Tratado de direito comercial brasileiro**. 2000. v. 1. p. 77.

[74] FERREIRA, Waldemar. Op. cit. p. 66.

[75] CARVALHO DE MENDONÇA, José Xavier. Op. cit. p. 76.

O Código Comercial francês teve extrema importância na história do Direito Comercial, sendo responsável pela nova face conferida a este Direito, que abandonou seu aspecto puramente subjetivo, partindo para uma visão objetiva, visto ter adotado a teoria dos atos de comércio. Conforme Requião: "o Código de Comércio passava a ser, em 1807, um estatuto disciplinador dos *atos de comércio*, a que estavam sujeitos todos os cidadãos".[76]

Embora não se pretenda analisar qual a mais adequada posição, cita-se a seguir, a título de informação o entendimento de Waldemar Ferreira acerca do caráter objetivo do Código francês:

> O Código francês de 1807, a despeito das aparências e intenções de seus redatores, pode ser considerado, como quase todos os Códigos por ele modelados, muito mais o Código dos comerciantes que o dos atos de comércio.[77]

A necessidade de uma reforma no enfoque do Direito Comercial, já há muito se fazia necessária. Assim, é merecida a apresentação dos ensinamentos de Joaquín Garrigues proferidos em "magnífico artigo versando a reforma do Código em Espanha", oportunamente destacados por Requião:

> O Direito Comercial devia cessar de ser o Direito próprio dos comerciantes para tornar-se o Direito próprio de uma classe determinada de atos: os atos de comércio; mas entendendo esta expressão (ato de comércio) em sentido diverso do antigo. Enquanto nas compilações anteriores ao Código francês o ato de comércio se referia sempre ao comerciante e à

---

[76] REQUIÃO, Rubens. Op. cit. p. 12.

[77] FERREIRA, Waldemar. Op. cit. p. 198.

indústria mercantil, no Código francês se desvincula pela primeira vez o ato de comércio da pessoa do comerciante e se formula, assim, o conceito de ato objetivo de comércio que serviu para fundar o sistema legislativo em muitas nações.[78]

Já adentrando em uma nova fase do Direito Comercial, Spencer Vampré relata que durante o Renascimento, foi conferida à Itália, a glória de "ter produzido uma série de brilhantes jurisconsultos, que são os fundadores do Direito Comercial moderno".[79]

O marco dessa afirmação se encontra no advento do Código promulgado pela Itália em 1942, que unificou o Direito Privado naquele país, contendo tanto as normas de caráter comercial, como as de caráter civil.

Deixando de ser um Direito de classe, o Direito Comercial, nos dias atuais, passa a ter uma tendência cada vez mais intensa em se tornar um Direito Comercial Internacional, "em virtude da solidariedade de interesses entre as nações".[80]

Eis que surgem então, nesse novo panorama do Direito Comercial, os Tratados e as Convenções internacionais de comércio, que consistem em acordos internacionais que visam estabelecer normas uniformes e comuns aos Estados soberanos que a eles aderiram, sendo, portanto, países signatários.

"Muitas vezes vários Estados se reúnem e formam uniões internacionais, constituindo um departamento ou secretaria internacional para a execução dos Tratados que as originam".[81] Como exemplo dessas "uniões" a Convenção de

---

[78] GARRIGUES, Joaquín apud REQUIÃO, Rubens. Op. cit. p. 13.

[79] VAMPRÉ, Spencer. Op. cit. p. 24.

[80] CARVALHO DE MENDONÇA, José Xavier. Op. cit. p. 83.

[81] FERREIRA, Waldemar. **Tratado de direito comercial**. Estatuto Histórico e Dogmático do Direito Comercial. 1960. v. 1. p. 514.

Paris[82], de 20 de março de 1883, que poucos anos depois criou um organismo internacional, em 1892, o- *Bureaux Internationaux Réunis Pour la Protection de la Propriété Intellectuelle* (BIRPI)[83]. Em 1967 deixa de existir o BIRPI para dar espaço para a então criada *Organisation Mondiale de la Propriété Intellectuelle* (OMPI)[84].

Ainda na esfera da Propriedade Intelectual, há o *Trade Related Intellectual Property Rights* (TRIPs *Agreement*), administrado pela Organização Mundial do Comércio (OMC), que:

---

[82] "A Convenção da União de Paris para proteção da propriedade industrial teve seu início sob a forma de anteprojeto, redigido em uma Conferência Diplomática realizada em Paris no ano de 1880. Nova conferência foi convocada em 6 de março de 1883, para aprovação definitiva do texto, que entrou em vigor um mês depois do depósito de instrumentos de ratificação, em 7 de julho de 1883.

O presidente da conferência de 1880 pronunciou frase histórica: 'Nós escrevemos o prefácio de um livro que vai se abrir e que não será fechado se não após longos anos'.

Desde o começo, a Convenção previa em seu art. 14, a celebração de conferências periódicas de revisão a fim de introduzir no texto original, instrumentos destinados a aperfeiçoar o sistema da união à luz da experiência obtida em sua aplicação prática.

Várias foram as modificações introduzidas no texto de 1883 através de 7 revisões. Na primeira, em Roma, os atos assinados não foram ratificados por nenhum país. Seguiram-se as Revisões de Bruxelas (1900), Washington (1911), Haia (1925), Londres (1934), Lisboa (1958) e Estocolmo (1967)." In: OMPI. **Convenção da União de Paris para a Proteção da Propriedade Industrial**. Quadro Comparativo das Revisões de Paris-1883, Haia-1925, Estocolmo-1967. 1982. p. 1.

[83] BIRPI – traduzido da sigla em inglês: Escritórios Internacionais Reunidos para a Proteção da Propriedade Intelectual. Do francês: *Bureaux Internationaux Réunis Pour la Protection de la Propriété Intellectuelle*. "Durante mais de 50 anos, o sistema das duas Uniões, de Paris e de Berna, reunidas oficialmente em novembro de 1892, nos BIRPI, permaneceu inalterado, até que surgiu a OMPI em 1967". Cf. BASSO, Maristela. **O direito internacional da propriedade intelectual**. 2000. p. 129.

[84] OMPI – Organização Mundial da Propriedade Intelectual, com sede em Genebra, na Suíça, é um dos órgãos especializados da Organização das Nações Unidas (ONU).

Como se sabe, em 1986, por insistência dos Estados Unidos e de outros países desenvolvidos, o tópico da proteção à propriedade intelectual nos países em desenvolvimento veio à tona como um problema no contexto do sistema internacional do comércio. Quando foi iniciada no Uruguai a Rodada de Negociações Multilaterais de Comércio, convocada pelo GATT (Acordo Geral de Tarifas e Comércio), um grupo de trabalho sobre TRIPs (Questões de Propriedade Intelectual Relacionados com o Comércio) foi incluído depois de intensa barganha e forte oposição por parte de alguns países em desenvolvimento, especialmente do Brasil e da Índia.[85]

Mais especificamente em Direito Comercial Internacional, ainda que a propriedade industrial tenha seu aspecto internacional e sede no Direito Comercial, a organização que melhor representa este exemplo é a *World Trade Organization (WTO)*, conhecida entre nós por Organização Mundial do Comércio (OMC)[86], originária do *General Agreement on Tariffs and Trade - GATT*[87].

Para o embaixador brasileiro e ex-ministro das Relações

---

[85] SHERWOOD, Robert. M. **Propriedade intelectual e desenvolvimento econômico**. 1992. p. 13.

[86] A criação da Organização Mundial do Comércio (OMC), não se originou só de uma codificação de normas, mas de "um expressivo desenvolvimento progressivo do sistema de solução de controvérsias do GATT, nas negociações da Rodada do Uruguai. Cf. LAFER, Celso. **A OMC e a regulamentação do comércio internacional**: Uma visão brasileira. 1998. p. 146.

[87] GATT: *General Agreement on Tariffs and Trade* (Acordo Geral sobre Tarifas Alfandegárias e Comércio). Fórum permanente no qual se organizou, desde seu início, grandes conferências para negociar a redução dos impostos alfandegários e diminuir as barreiras ao comércio internacional. Foi um tratado multilateral firmado em 1947, em vigor a partir de 1948, que recebeu adesões ao longo de quase 50 anos por países que representam a mais significativa parcela do comércio mundial. Seu objetivo fundamental foi o de garantir o funcionamento do princípio de livre comércio no mercado mundial. Cf. PIMENTEL, Luiz Otávio. **Direito industrial**. As funções do direito de patentes. 1999. p. 25.

Exteriores, Celso Lafer,

> As normas de organização e as de conduta que integram o ordenamento jurídico da OMC lidam com a convergência da ação dos membros para a promoção de interesses comuns. Elas têm como objetivo uma interação organizada entre uma multiplicidade de economias nacionais num mercado globalizado. Esta interação, para usar uma metáfora de Jackson, requer um mecanismo de *interface* que permita trabalhar em conjunto *computers of different designs* que são as economias nacionais. [88]

Assim, no âmbito do Direito Comercial Internacional "a OMC é este mecanismo de *interface* e as suas normas são essenciais, porque o mercado não opera no vazio, ou seja, não é uma ordem espontânea"[89], afirma o embaixador Lafer.

Por fim, a evolução do Direito Comercial ao longo dos séculos refletiu uma mudança significativa de um sistema corporativo para um enfoque mais objetivo, destacando os *atos de comércio* em vez das características pessoais dos comerciantes. O Código Comercial francês de 1807, marcou o início dessa transição, estabelecendo as bases para o novo Direito Comercial.

3.4- O Desenvolvimento do Direito Comercial no Brasil

No Brasil, o Direito Comercial pode ser dividido em três fases históricas, sendo a divisão proposta por Carvalho de Mendonça[90], a seguinte:

---

[88] LAFER, Celso. **A OMC e a regulamentação do comércio internacional**: Uma visão brasileira. 1998. p. 146.

[89] Ibid. p. 145.

[90] CARVALHO DE MENDONÇA, José Xavier. **Tratado de direito comercial brasileiro**. 2000. v. 1. p. 85.

- Primeira fase: 1822 - 1850;
- Segunda fase: 1850 -1890;
- Terceira fase: 1890 em diante.

Ricardo Negrão acrescenta à divisão de Carvalho de Mendonça uma quarta fase: a do Direito de Empresa, que seria, segundo o autor, uma nova conceituação para o Direito Comercial. Esta fase se externa no novo Código Civil brasileiro, em seu Livro II, Parte Especial, *Do Direito de Empresa*.[91]

A divisão proposta por Carvalho de Mendonça, data do ano de 1822 para frente. Assim, discorda-se em parte da divisão proposta pelo doutrinador, visto que alguns acontecimentos anteriores a 1822 foram bastante significativos para a história do Direito Comercial brasileiro; destarte, cita-se uma síntese dos principais fatos.

No período em que o Brasil era ainda uma colônia de Portugal, "as relações jurídicas pautavam-se, como não poderia deixar de ser, pela legislação daquele país. Imperavam, portanto, as Ordenações Filipinas, sob a influência do Direito Canônico e Romano."[92]

O Direito Comercial no Brasil teve seu primeiro momento jurídico em 28 de janeiro de 1808, quando sob o patrocínio de José da Silva Lisboa, Visconde de Cairu, D. João VI assinou o Decreto que abriu os portos brasileiros à navegação e ao comércio – Lei de Abertura dos Portos.

Em 23 de agosto de 1808, um Alvará criou o Tribunal da Real Junta do Comércio, Agricultura, Fábricas e Navegação. A fundação do primeiro Banco do Brasil, também é datada deste mesmo ano, em 12 de novembro.

A Real Junta do Comércio encarregou, em 1822, após a

---

[91] NEGRÃO, Ricardo. **Manual de direito comercial e de empresa**. 2003. v. 1. p. 9.

[92] REQUIÃO, Rubens. **Curso de direito comercial**. 2003. v.1. p. 16.

proclamação da Independência do Brasil, José da Silva Lisboa[93] - que era um de seus mais autorizados membros – de organizar um projeto de um Código Comercial.

Nesse meio tempo, Irineu Evangelista de Souza, então Barão de Mauá, com as benesses do Imperador Dom Pedro II, vai à França e estuda o Código Comercial francês e o traz para o Brasil.[94]

Com base nele, prepara-se o projeto do Código Comercial brasileiro, que após morosa tramitação, foi sancionada a Lei nº 556, de 25 de junho de 1850, que promulgava o Código Comercial brasileiro.

Inicia-se, assim, segundo a divisão de Carvalho de Mendonça, a segunda fase da história do Direito Comercial no Brasil que segundo o autor é marcada pela promulgação do Código e se estende até 1890.

Nessa segunda fase histórica têm-se como principais fatos a promulgação dos Regulamentos do Código Comercial, dentre eles a do Decreto nº 737, de 25 de novembro de 1850, que "representou um monumento soberbo de nossa legislação",[95] pois seu destaque se deu, por ele ter representado

---

[93] Carvalho de Mendonça cita que "Silva Lisboa, nascido na Bahia, aos 16 de julho de 1756, formado em Ciências Jurídicas, Filosofia e Cânones, pela Universidade de Coimbra, economista, político, historiador, jurisconsulto e filósofo, publicou os *Princípios de direito mercantil e leis de marinha*, dividindo-os em sete tratados, sendo três sobre alguns institutos de direito marítimo, dois sobre matéria propriamente de Direito Comercial (letras de câmbio, notas promissórias e bancos de comércio, contratos e causas mercantis, obrigações, direitos e privilégios dos negociantes), um sobre a política dos portos e alfândega e outro, finalmente, sobre juízes, tribunais de comércio e consulado. Essa Construção grandiosa, a primeira sobre direito marítimo e comercial escrita na língua portuguesa, imprimiu-se em Lisboa, nos anos de 1798 e 1808."

[94] O filme brasileiro "Mauá: o Imperador e o Rei", de Sérgio Rezende (1999), retrata esse episódio e conta parte dessa saga. E o "comerciante" mais rico do império, Irineu Evangelista der Souza, recebeu do Imperador o título nobiliárquico de Visconde de Mauá.

[95] CARVALHO DE MENDONÇA, José Xavier. **Tratado de direito comercial brasileiro**. 2000. v. 1. p. 112.

o Código de Processo brasileiro.

Os Decretos n°. 3.308, de 17 de setembro de 1864 e o n° 3.309 do dia 20 do mesmo mês e ano, regularam a falência dos bancos e casas bancárias.

Em 1875, foram extintos os Tribunais e Conservatórias do Comércio no Brasil pelo Decreto n° 2.662, de 9 de outubro, quando se organizou as Juntas e Inspetorias Comerciais.

Fato importante que guarda estreita ligação com o tema, sobretudo quanto aos *elementos de identificação da empresa*, que merece ser aqui registrado, refere-se ao Decreto n°. 2.682, de 23 de outubro de 1875, que:

> reconheceu a qualquer fabricante e negociante o direito de marcar os produtos de sua manufatura e de seu comércio com sinais que os tornassem distintos de outros, seguindo-se várias convenções diplomáticas a tal propósito.[96]

As Sociedades Anônimas foram emancipadas do que Carvalho de Mendonça chamou de "cativeiro governamental", em 1882, pela Lei n° 3.150 de 4 de novembro, que regula também o estabelecimento das companhias.

Em 1887, surgiu a Lei n° 3.346, de 14 de outubro (denominada de Decreto por Waldemar Ferreira), que prescreveu regras para o *registro de marcas de fábrica e de comércio*.

O Direito Industrial, segundo Carvalho de Mendonça, já se movimentava a essa época, porém "abrigava-se sob o pálio do Direito Comercial".[97]

A terceira fase histórica do Direito Comercial brasileiro iniciou-se, segundo Carvalho de Mendonça, em 1890. O fato que marca essa etapa é o advento do Decreto n°. 917, de 24 de outubro de 1890, que instituiu a então "Lei de Falências", o Decreto n° 917, de 24 de outubro de 1890, embora substituído

---

[96] FERREIRA, Waldemar. **Tratado de direito comercial**. 1960. v.1. p. 120.

[97] CARVALHO DE MENDONÇA, José Xavier. Op. cit. p. 123.

pela Lei nº 7.661, de 21 de junho de 1945, somente revogada pelo Decreto nº 11, de 18 de janeiro de 1991. A matéria agora é regida pela atual Lei nº 11.101, de 9 de fevereiro de 2005.[98]

Entretanto, para a presente obra, é de suma importância frisar que na mesma data do Decreto nº 917, foi também editado o Decreto nº 916, que criou o "registro de firmas ou razões comerciais", 40 anos depois da vigência do Código Comercial brasileiro de 1850.

Na evolução histórica do Direito Comercial, se faz importante destacar a frustrada tentativa de elaboração de um Código das Obrigações, proposta durante o governo de Castello Branco.

Oscar Barreto Filho disserta que "o projeto brasileiro de código de obrigações filia-se à moderna concepção que define, em essência, o Direito Comercial como o Direito de Empresa".[99] Este projeto acabou por ser retirado do Congresso Nacional pelo mesmo governo, cedendo, então, espaço para o Anteprojeto de Código Civil, unificado, quando a comissão organizadora deste recebeu o fracassado projeto, para talvez aproveitar alguma sugestão para um novo projeto, que foi protocolado na Casa de origem anos depois, em 1975, como Projeto de Lei.

Em 10 de janeiro de 2002, após quase 30 anos de elaboração e tramitação, foi promulgado o "novo" Código Civil brasileiro, que parcialmente unificou o Direito Privado em nosso país, visto que em sua *Parte Especial*, no *Livro II*, trouxe para seu bojo o *Direito de Empresa*, revogando toda a primeira parte do Código Comercial, dos arts. 1º ao 456.

Concluindo o presente tópico, pode-se afirmar que o Direito Comercial, de uma forma ou de outra é dinâmico, e sua

---

[98] Regula a recuperação judicial, a extrajudicial e a falência do empresário e da sociedade empresária.

[99] BARRETO FILHO, Oscar. **Teoria do estabelecimento comercial**. 1969. p. 111.

evolução não se esgota com o já citado advento do novo Código Civil brasileiro em tomar para si o Direito de Empresa, sem, contudo, esgotar a matéria. Assim, deixando espaço para a reascensão do Direito Comercial, ainda que se creia que apenas houve mera mudança de nomenclatura para Direito Empresarial ou *Direito de Empresa*[100], o que não é correto afirmar, dada a autonomia dos Direitos Comercial e Civil. No todo, pelo simples fato de o Direito brasileiro ter dado um passo para uma unificação legislativa do Direito Privado, isso não vai impedir que o Direito Comercial continue a evoluir, quer por si só, ou conjunto com o novo Direito de Empresa.

3.5- Dos Atos de Comércio à Empresa

Pelo estudo já realizado, apreende-se que o Direito Comercial, num primeiro momento, teve um enfoque subjetivo, voltado para a classe dos comerciantes. Ao passar por um processo evolutivo, esse ramo do Direito perdeu esse aspecto extremamente subjetivo a serviço dos comerciantes, para expandir-se até os atos de comércio, que já englobava em seu contexto, também os "não comerciantes".

Porém, com o decorrer dos acontecimentos, a Revolução Industrial e o desenvolvimento da economia capitalista, que resultou na produção em massa, o universo dos atos de comércio se tornou deveras pequeno; assim, o Direito Comercial, restrito a disciplinar esses atos, já não mais alcançava toda essa estrutura que vinha se organizando; eis que surge a necessidade de um instituto mais abrangente, que englobasse esse novo seguimento e, como resposta a tal necessidade, surge o Direito de Empresa.

Com a transição dos processos de produção, a Revolução

---

[100] Cf. BRASIL. **Código civil**. Lei n. 10.406, de 10 de janeiro de 2002. Livro II, Do Direito de Empresa.

Industrial constituiu um acontecimento de extrema importância para a mudança de enfoque (de *Atos de Comércio* para a *Empresa*) e consequente evolução ocorrida no âmbito do Direito Comercial. Para ilustrar essas mudanças advindas com a Revolução Industrial, cita-se abaixo trecho de Landes:

> No século XVIII, uma série de invenções transformaram a manufatura do algodão em Inglaterra e deram origem a um novo modo de produção: o sistema fabril. No mesmo período, outros ramos da indústria registravam progressos análogos [...]. O número e a variedade das invenções foram tais, que é quase impossível enumerá-los, mas todas se podem resumir em três princípios: a substituição da capacidade e fadiga humanas pelas máquinas; a substituição de forças animais de energia por fontes inanimadas, [...] que puseram à disposição do homem um abastecimento de energia quase ilimitado; a utilização de novas, e bastante abundantes, matérias-primas, em particular a substituição de substâncias vegetais ou animais por minerais. O conjunto destes melhoramentos constitui a revolução industrial".[101]

Disserta Zilah Assalin que "a empresa mercantil ligada à pessoa do comerciante transforma-se para atender as exigências desse novo modo de produção" (empresas industriais – fruto do novo mundo que surgiu com a Revolução Industrial, denominado capitalismo). "A evolução da empresa está diretamente ligada à presença de dois fatores: a necessidade de capital de grande vulto e a expansão dos mercados".[102]

O Direito Comercial moderno, pautado na empresa, começou a ser edificado na Alemanha, no seu Código Comercial de 1897, quando foi "restabelecido e modernizado

---

[101] LANDES, D. S. apud SALAMONE, Nino. **Causas sociais da revolução industrial**. 1980. pp.13-14.

[102] ASSALIN, Zilah. **Aspectos empresariais da concorrência**. 2004. p. 25.

o *conceito subjetivista*".

O artigo 343 do Código Comercial alemão definiu que "atos de comércio são todos os atos de um comerciante que sejam relativos a sua atividade comercial":

> Em face dessa definição, tanto o ato de comércio como o comerciante somente adquirem importância para o Direito Comercial quando se refiram à exploração de uma empresa. Desaparece, nela, a preponderância do ato de comércio isolado, como também se esmaece a figura do comerciante. Surge, assim, esplendorosa, a *empresa mercantil*, e o Direito Comercial passa a ser o Direito das empresas.[103]

Com a promulgação do Código unificado italiano, o núcleo do Direito Comercial que até então era constituído pelos "atos de comércio", definitivamente foi transferido para a figura da "empresa", que passou a ser o cerne desse ramo do Direito.

Visando corroborar a assertiva acima, quanto ao núcleo do Direito Comercial, Carvalho de Mendonça aponta que, para ele, o termo trazido por Vivante, "matéria de comércio", estabelece o campo de atuação do Direito Comercial, ou seja, a atividade humana disciplinada pelas leis comerciais, e assim:

> O núcleo fundamental desta matéria é o ato de comércio, não obstante abranger quando se refere às pessoas cuja atividade específica as leis comerciais regulam, as coisas ou os bens móveis, objeto daquele ato, as obrigações e certos institutos especiais (como a falência) sob a disciplina destas leis.[104]

Nesse mesmo contexto, Requião assevera que "a organização do capital e do trabalho não havia passado despercebida aos legisladores do Código Napoleônico", pois

---

[103] REQUIÃO, Rubens. **Curso de direito comercial**. 2003. v.1. p. 15.

[104] CARVALHO DE MENDONÇA, José Xavier. **Tratado de direito comercial brasileiro**. 2000. v. 1. p. 24.

"ao estabelecerem a competência dos tribunais do comércio, na nomenclatura dos *atos de comércio*, sujeitos à jurisdição comercial, haviam incluído", no artigo 632 daquele Código, "as *empresas* de manufatura, de comissão, de transporte, de fornecimento, de vendas em leilão, de espetáculos públicos".[105]

Uma vez que já se mencionou a mudança do caráter subjetivo (corporações de comerciantes) do Direito Comercial, para um enfoque objetivo (atos de comércio), o que acabou por resultar num instituto mais abrangente – **a empresa** –, e para não se alongar demais nessa parte histórica da presente obra, resta apenas frisar que após o advento do Código Comercial e seus vários regulamentos – fatos já explorados –, o que movimentou a história do Direito Comercial foi a tentativa de unificação do Direito Privado brasileiro (assunto também já tratado), que culminou com o advento do Código Civil brasileiro de 2002.

4- O Direito de Empresa e o novo Código Civil

Após o estudo sistêmico da evolução do Direito Comercial nos contextos internacional e brasileiro, eis que a partir da tentativa legislativa do projeto de Código das Obrigações, Oscar Barreto Filho, já citado, disserta que em essência, este já representava o Direito Comercial como o Direito de Empresa.[106]

Mas foi a partir da controvertida tendência da unificação do Direito Privado no Brasil, como já discutido anteriormente, quer como unificação ou mesmo quanto à sua dicotomia, tratando da autonomia do Direito Comercial em face do Direito Civil, pode-se verificar que já em 1975, com o Projeto

---

[105] REQUIÃO, Rubens. Op. cit. p. 14.

[106] BARRETO FILHO, Oscar. **Teoria do estabelecimento comercial**. 1969. p. 111.

de Lei n° 634/75 na Casa de origem, e Projeto de Lei da Câmara de n° 184/84, que posteriormente instituiu o novo Código Civil, já vinha tratando da empresa em seu bojo, notadamente na Parte Especial, no Livro II, *Do Direito de Empresa*, a partir do art. 966 ao 1.141.[107]

Com o advento da Lei n° 10.406, de 10 de janeiro de 2002, que entrou em vigor um ano após a sua publicação (*vacatio legis*), o então novo Código Civil brasileiro revogou os 456 artigos da *Parte Primeira* do Código Comercial de 1850, ou seja, do 1° ao 456, que regeram durante mais de 150 anos a matéria (Do Comércio em Geral); e passou a vigorar no Brasil a partir de então, o chamado **Direito de Empresa**, que para alguns autores trata-se de nova denominação do Direito Comercial, embora mais moderna, teoria com a qual "não nos filiamos".

Assim, há que se verificar que o novo Código Civil brasileiro seguiu quase que o mesmo caminho do Código Civil italiano, ao incorporar o Direito de Empresa, e como preleciona Miguel Reale:

> O Direito Comercial não pode, nem deve desaparecer, embora as suas normas fundamentais passem a integrar o Código Civil. Foi esta a solução adotada pela Comissão Revisora do Código Civil, por nós presidida, que, além do Livro das Obrigações, apresenta outro, destinado a disciplinar a atividade negocial em geral, e a das empresas mercantis e industriais, em particular. A essa parte preferimos dar o nome de Direito de Empresa, que abrange tanto a comercial como a industrial.[108]

A expressão empresa já vem sendo utilizada em nossos diplomas legais há algum tempo, e é perfeitamente natural que

---

[107] CARDOSO, João Augusto. **Do nome empresarial e sua tutela jurídica em face da marca registrada**. 2004. p. 176.

[108] REALE, Miguel. **Lições preliminares de direito**. 2001. pp. 368-369.

nesta seara, passou-se a consignar o Direito Comercial como o Direito de Empresa ou Direito Empresarial, para englobar e regular as matérias legais atinentes à empresa.

Como exemplo dessa assertiva, em matéria comercial, Tinoco Soares aponta para a substituição do *nome comercial* pelo *nome de empresa*, de acordo com o art. 90[109] do Código da Propriedade Industrial de 1967, ou seja, o Decreto-lei nº 254, de 28 de fevereiro de 1967.[110]

Dentre outros tantos exemplos que poderiam ser citados, a própria Constituição Federal de 1891 já utilizava a expressão *empresa* em seu art. 24, abaixo transcrito; uso cada vez mais constante nas constituições subsequentes, quais sejam: a de 1934, 1937, 1946, 1967 e 1988.[111]

> Art 24 - O Deputado ou Senador não pode também ser Presidente ou fazer parte de Diretorias de bancos, companhias ou empresas que gozem favores do Governo Federal definidos em lei.
>
> Parágrafo único - A inobservância dos preceitos contidos neste artigo e no antecedente importa em perda do mandato.[112]

Quanto à dita alteração do nome comercial para nome de empresa, a própria Constituição Federal de 1988 tratou do tema em seu art. 5º, XXIX[113], já percebido no Projeto do

---

[109] Art. 90 – Constitui nome de empresa a firma ou denominação adotada por pessoa física ou jurídica e pela qual é designada, no exercício de suas atividades industriais, comerciais, extrativas, agrícolas ou de prestação de serviços.

[110] SOARES, José Carlos Tinoco. **Direito de marcas**. 1968. p. 122.

[111] A Constituição da República Federativa do Brasil de 1969 não foi citada, por ser em verdade uma Emenda à Constituição de 1967, ou seja, a Emenda Constitucional n. 1, outorgada em 17 de outubro de 1969, e não exatamente uma "Constituição Federal", ainda que à época vigorasse como tal e assim considerada por muitos constitucionalistas.

[112] BRASIL. **Constituição de 1891**. Cf. Constituição da República dos Estados Unidos do Brazil. 1898. p. 10.

[113] BRASIL. **Constituição de 1988**. Art. 5º, XXIX: A lei assegurará aos autores de inventos industriais privilégio temporário para sua utilização, bem como

Código Civil (de 1975), recepcionado como *nome empresarial* pelo art. 1.155 do Código, convertido em lei em 2002.

Ainda durante a longa jornada do Código Civil no Congresso Nacional e após a CF/88, foi promulgada a Lei nº 8.934, de 18 de novembro de 1994 (Lei do registro público de empresas mercantis e atividades afins), consolidando cada vez mais o chamado Direito de Empresa, recepcionado, como já se verificou, pelo Código Civil brasileiro. A Lei de 1994 revogou a Lei do Registro de Comércio de 1965.[114]

Na dissertação de Gladston Mamede,

> A edição da Lei 10.406/2002, ao instituir um novo Código Civil brasileiro, conseguiu, enfim, unificar as matérias. Dessa forma, unificaram-se as obrigações civis e comerciais num único tratamento legislativo, reconhecendo, como já dissera Frederico Gabrich, que "não possuem aspectos relevantes de distinção, já que a umas e outras é comum o Direito das Obrigações". Essa alteração, ademais, determinou condições favoráveis para uma outra evolução jurídica: a valorização da empresa como elemento central do tratamento jurídico mercantil, em oposição à antiga valorização do ato de comércio, ora revogada.[115]

Nesta seara, pode-se conceituar Direito Empresarial como o ramo do direito privado que compreende um conjunto de normas jurídicas reguladoras das atividades empresariais praticadas pelo empresário, ou de qualquer pessoa física ou jurídica que pratique atividade econômica exercida de forma profissional e organizada, voltada à produção ou à circulação de bens ou serviços[116].

---

proteção às criações industriais, à propriedade das marcas, aos nomes de empresas e a outros signos distintivos, tendo em vista o interesse social e o desenvolvimento tecnológico e econômico do País.

[114] BRASIL. Lei n. 4.726, de 13 de julho de 1965.

[115] MAMEDE, Gladston. **Direito empresarial brasileiro**. 2004. v. 1. p. 33.

[116] DIREITO EMPRESARIAL: Conceito do Autor.

Destarte, conclui-se que o Direito de Empresa, regulado pelo novo Código Civil, embora matéria tratada por legislação civil, não deixou de ser mercantil, mesmo porque não deixa de existir o Direito Comercial. Outrossim, isso apenas significa que as disciplinas Direito Comercial e Direito Civil que já andavam juntas, devem agora fazê-lo de mãos dadas e continuarem seus caminhos paralelamente.

Capítulo II

TEORIA GERAL DA EMPRESA

Os atos de comércio foram "substituídos" pela empresa, como se pôde facilmente concluir através dos estudos anteriores, assim, antes de entrar no conceito de Empresa, faz-se necessário relembrar o conceito de atos de comércio.

Carvalho de Mendonça ensina que "os Códigos e Tratados de Direito Comercial não oferecem conceito jurídico unitário e completo sobre os atos de comércio" e que "a legislação e a doutrina não se harmonizam em tão relevante assunto".[117]

Desta forma transcreve-se o conceito de Inglez de Souza:

> Atos de comércio são os atos de intromissão, entre o produtor e o consumidor, para o fim de criar e desenvolver, a riqueza móvel, e ativar-lhe o giro, com o intuito de lucro, e os que, pela sua conexão, ou dependência, da atividade comercial, concorrem para facilitar o exercício do comércio.[118]

Waldemar Ferreira assevera que o conceito de ato comercial se subdivide em:

---

[117] CARVALHO DE MENDONÇA, José Xavier. **Tratado de direito comercial brasileiro**. 2000. v. 1. p. 493.

[118] SOUZA, Inglez de. apud VAMPRÉ, Spencer. *Tratado elementar de direito commercial*. 1921. v.1. p. 61.

a) *subjetivos*, ou *relativos*, comerciais praticados por comerciantes;

b) *objetivos*, ou *absolutos*, comerciais, *re ipsa*, por sua própria natureza, meios de resultados do exercício da atividade medianeira respectiva.[119]

Na tormentosa e não alcançada missão de se buscar uma definição satisfatória de ato de comércio, merece destaque que "o ato de comércio deve ser praticado com a intenção de lucro; a especulação deve existir pelo menos para uma das partes".[120]

Conclui-se, assim, que a expressão "ato comercial" não possui definição única e nem tão pouco pacífica no campo doutrinário e legislativo, porém, para a presente obra, basta o conceito que já se tem, visto que o sistema moderno não mais classifica os atos em civis e comercias.

1- Noções Fundamentais

Ao tratar da *teoria geral da empresa*, preliminarmente faz-se necessário analisar alguns aspectos relacionados à moderna nomenclatura, ora utilizada tanto pelo Direito Comercial quanto pelo Direito de Empresa (que hoje são utilizados como sinônimos, embora não o sejam), pois o que se notou durante anos é que os estudantes de Direito sequer conheciam o conteúdo a ser abordado quando da preparação de uma pesquisa para eventual estudo acerca do tema, quanto menos os acadêmicos de outras áreas, como da Administração, Ciências Contábeis e outras, pois parecem ter a noção de que houve uma simples mudança ou modernização da nomenclatura, substituindo-se uma pela outra. No entanto, o Direito Comercial permanece como disciplina autônoma, ao

---

[119] FERREIRA, Waldemar. **Tratado de Direito Comercial**. Estatuto Histórico e Dogmático do Direito Comercial. 1960. v.1. p. 208.

[120] CARVALHO DE MENDONÇA, José Xavier. Op. cit. p. 501.

passo que o Direito de Empresa, tem sede no Direito Civil.

Por isso é importante compreender que após a sanção do Código Civil em 2002, que entrou em vigor um ano após sua publicação no Diário Oficial da União, com o advento do Direito de Empresa e a revogação expressa da primeira parte do Código Comercial, foi natural se dar maior ênfase ao então chamado Direito Empresarial, do que ao Direito Comercial. No entanto, nem o Direito de Empresa e nem o Direito Comercial compreendem toda a disciplina jurídica que abrange o mercado, ficando cada um deles com uma parte das atividades relacionadas à empresa. Logo, são complementares.

Para corroborar a afirmação que acima se fez, transcreve-se as palavras de Waldirio Bulgarelli:

> A questão verdadeiramente essencial que se apresenta na base de todas as discussões doutrinárias relativas às diversas posições dos autores e de suas contribuições jurídicas, e que aparece como um constante e verdadeiro desafio para a teoria jurídica da empresa, é, pode-se dizer sem qualquer dúvida, a transposição para o plano jurídico do fenômeno socioeconômico denominado empresa.[121]

O primeiro passo para alcançar esse objetivo é a análise, dentro da esfera jurídica, de cada uma das palavras da expressão "teoria geral da empresa".

A "teoria" consiste na explicação causal de determinado instituto, explicação esta, fruto de longos estudos realizados por cientistas engajados na matéria abordada. Em Direito, os juristas ou doutrinadores das ciências jurídicas são responsáveis por esse trabalho, movidos "pelo espírito perscrutador, que indaga o desconhecido, a fim de trazer, à luz do conhecimento, os princípios básicos que controlam a realidade".[122]

---

[121] BULGARELLI, Waldirio. **Tratado de direito empresarial**. 2000. p. 51.

[122] NADER, Paulo. **Introdução ao estudo do direito**. 2000. p. 211.

A doutrina era denominada por Savigny "de Direito científico ou Direito dos juristas". Por seu turno, Miguel Reale infere que "o Direito é considerado uma ciência dogmática, não por se basear em verdades indiscutíveis, mas sim porque a doutrina jurídica se desenvolve a partir de normas vigentes, isto é, do Direito positivo". O renomado jurista instrui ainda que "etimologicamente 'dogma' significa aquilo que é posto ou estabelecido por quem tenha autoridade para fazê-lo".[123]

Em sentido lato, doutrina é o resultado escrito do estudo ou pesquisa por quem tem o douto conhecimento do tema. Também, infere-se por teoria o conjunto sistematizado ou logicamente ordenado de ideias.

Muitas vezes confunde-se teoria com doutrina, porém cada qual possui seu significado próprio, sendo que a doutrina compreende a teoria, conforme se verifica nos ensinamentos de Paulo Nader:

> A doutrina, ou Direito Científico, compõe-se de estudos e teorias, desenvolvidos pelos juristas, com o objetivo de sistematizar e interpretar as normas vigentes e de conceber novos institutos jurídicos, reclamados pelo momento histórico.[124]

Os institutos jurídicos, tal qual o da "empresa", são frutos de estudos científicos, que são construídos "a partir de constatações certas, cuja evidência, em determinada época, nos indica, em alto grau, que elas são verdadeiras".[125]

A doutrina visa proporcionar a evolução do Direito, através da criação de novos princípios e formas:

> Esse aperfeiçoamento permanente da ordem jurídica, com a substituição de velhos institutos por concepções modernas, calcadas na realidade subjacente, decorre do

---

[123] REALE, Miguel. **Lições preliminares de direito**. 2001. p. 178.

[124] NADER, Paulo. Op. cit. p. 211.

[125] MORRIS, Charles W. *Language and Behavior*, 1955, apud FERRAZ JÚNIOR, Tércio Sampaio. **A ciência do direito**. 1980. p.10.

labor dos juristas. É a doutrina que introduz os neologismos, os novos conceitos, teorias e institutos no mundo jurídico.[126]

Diz-se que a doutrina é fonte indireta do Direito, pelo fato dela ser uma das molas propulsoras da lei, que é a fonte mais geral do Direito, desta forma a legislação não atingiria sua plenitude de significado sem ter, como antecedente lógico e necessário, o trabalho científico dos juristas e muito menos se atualizar sem a participação da doutrina, que é a mais racional das forças diretoras, do ordenamento jurídico.[127]

Após a análise realizada, pode-se concluir que a *teoria geral da empresa* consiste na compilação e no desenvolvimento dos estudos científicos realizados por juristas, do ponto de vista jurídico, acerca da "empresa", e como lembra Quilici González, mas também por administradores, economistas e outros pensadores, de seus respectivos pontos de vista[128], que visaram inserir e definir o novo instituto no mundo jurídico, tendo em muito contribuído, inclusive para uma melhor compreensão de alguns preceitos legais contidos no novo Código Civil, especialmente quanto ao Direito de Empresa.

2- O Antigo Conceito de Empresa

Já no Século XIX, Lyon-Caen e Renault ensinavam em seu *Manuel de Droit Commercial*, que a denominação empresa já era empregada pelo Código Comercial francês de 1807, para designar o exercício de uma profissão ou, "pelo menos, de uma

---

[126] NADER, Paulo. **Introdução ao estudo do direito**. 2000. p. 213.

[127] REALE, Miguel. **Lições preliminares de direito**. 2001. pp. 177-178.

[128] Informação verbal dada pelo Prof. Dr. Everaldo Tadeu Quilici González, em arguição na banca de defesa pública do Mestrado em Direito, com concentração em Direito Empresarial e Propriedade Intelectual, cuja dissertação foi aprovada com nota máxima, por unanimidade.

série de ações semelhantes e de uma certa importância que implique uma organização pré-estabelecida nos objetivos e afazeres", observando que as atividades comerciais a ela ligadas devem estar expressas no contrato social, ou seja, no objeto social ou atividade econômica.[129]

> *Pour désigner les différents cas dans lesquels le louage de services a exceptionnellement le caractère commercial, le Code emploie le mot enterprises (enterprises de manufactures, de transport, etc.). Cette expression implique qu'il s'agit, non d'un acte isolé, mais de l'exercice d'une certaine importance qui impliquent une organisation préétablie dans le but de les faire. Le caractère cammercial est imprimé au contrat principal et aux diverses opérations qui s'y rattachent.[130]*

O antigo conceito de empresa, que é visto sob um prisma econômico e detentora da característica organizacional, pode ser sentido pelas lições de alguns autores:

Spencer Vampré assim definia empresa:

> Empresa, no sentido aqui usado, é a organização *econômica*, que se propõe a obter, mediante a combinação da natureza, do trabalho e do capital, produtos, destinados a troca, correndo os riscos por conta de uma pessoa, que reúne, e dirige esses elementos sob sua responsabilidade.[131]

Waldemar Ferreira assevera que o Decreto nº 737, de 25 de novembro de 1850, tratou a empresa como sinônimo do

---

[129] LYON-CAEN, Ch. et RENAULT, L. **Manuel de droit commercial**. 1896. p. 33.

[130] Ibid. p. 33. **Tradução livre**: "Para designar os diferentes casos de serviços excepcionalmente de caráter comercial, o Código emprega a palavra empresa (empresa de manufatura, de transporte etc.). A expressão implica que se trata, não de uma ação isolada, mas no exercício de uma profissão ou, pelo menos, de uma série de ações semelhantes e de uma certa importância que implique uma organização pré-estabelecida nos objetivos e afazeres. A característica comercial está impressa no contrato principal às diversas operações que estão ligadas".

[131] VAMPRÉ, Spencer. **Tratado elementar de direito commercial**. 1921. p. 71.

"estabelecimento em que ela se empreendia com fim lucrativo"; assim também tendo ocorrido no Código francês. O autor cita a seguinte definição de Morais Silva:

> Dizemos empresa qualquer negociação ou estabelecimento, que alguém tenta à sua custa para lucrar; edificando para outros, levantando fábricas, traçando negociações, adiantando os fundos para elas, etc., como ainda a sociedade para alguma exploração de comércio, ou indústria.[132]

Carvalho de Mendonça não distingue o conceito jurídico de empresa do econômico, asseverando que alguns escritores infundadamente tentam distingui-lo:

> Empresa é a organização técnico-econômica que se propõe a produzir, mediante a combinação dos elementos, natureza, trabalho e capital, bens ou serviços destinados à troca (venda), com esperança de realizar lucros, correndo os riscos por conta do empresário, isto é, daquele que reúne, coordena e dirige esses elementos sob a sua responsabilidade.[133]

O aspecto organizacional também pode ser percebido na definição de Fran Martins (1979), mais recente que a de Carvalho de Mendonça (1963), que se refere à empresa como sendo "uma organização de capital e trabalho com a finalidade da produção ou circulação de bens ou prestação de serviços".[134]

Como se observa, as antigas definições dadas pelos juristas já citados, dentre outros, são permeadas pelo fundo econômico.

Ainda que Rubens Requião afirme que construir um

---

[132] SILVA, Morais. apud FERREIRA, Waldemar. **Tratado de direito comercial.** 1960. v.1. p. 286.

[133] CARVALHO DE MENDONÇA, José Xavier. **Tratado de direito comercial brasileiro.** 2000. v. 1. p. 561.

[134] MARTINS, Fran. **Curso de direito comercial.** 1979. p. 16.

conceito jurídico de empresa, tendo por base ser uma organização econômica, constitui-se tarefa inútil, posto que definida sob o aspecto econômico, dificilmente, conseguirão os juristas enquadrá-la no campo jurídico[135], e por tal motivo, antes de aqui se dar o novo conceito de empresa, por uma questão didática, primeiro analisa-se sua teoria econômica, para somente após este estudo, poder chegar a esse moderno conceito a partir da teoria jurídica da empresa, cujo nascedouro tem como fonte o *Codice Civile* italiano de 1942, seguido pelo Código Civil brasileiro de 2002.

3- Teoria Econômica da Empresa

Em que pese a opinião de Rubens Requião quando se manifesta no sentido de ser tarefa inútil a construção de um conceito jurídico de empresa a partir do econômico, note-se que em matéria mercantil, as relações por vezes se complementam, se interpenetram e se interdependem, podendo ser a empresa estudada tanto pela Economia quanto pelo Direito Econômico, sem ferir nenhum preceito de Direito Comercial ou Direito de Empresa.

Após afirmar que o Direito Comercial tem uma íntima relação com a Economia e tratar das profundas mudanças porque passou, Bulgarelli disserta que "o Brasil, engajado em um processo de transformações socioeconômicas em busca da afirmação no mundo desenvolvido, não passaria incólume por essas mutações". Em sua preleção, Bulgarelli afirma que:

> é inegável, também, que o fulcro básico gerador de todas essas transformações já ocorridas e em devir é a empresa, tipo de instituição econômica que, gerada embrionariamente no bojo da Revolução Industrial, ampliou-se desmedidamente até dominar o panorama

---

[135] REQUIÃO, Rubens. **Curso de direito comercial**. 2003. v.1. p. 50.

da economia atual. Por certo, não aquela empresa mencionada parca e hermeticamente no Código Comercial francês, vista, por isso, como contrato de locação de serviços e dotada de uma certa organização. Mas aquela que já despertava a atenção de Wilhelm Enderman, na Alemanha, por volta de 1865; aquela na qual Vivante entreviu um organismo para o exercício da indústria e a que L. Mossa, seguindo na esteira do austríaco Pisko e do suíço Wieland, pretendeu tornar a base do Direito Comercial.[136]

Para Tomazette, "a noção inicial de empresa advém da economia, ligada à ideia central da organização dos fatores da produção (capital, trabalho, natureza), para a realização de uma atividade econômica". Assim, segundo o autor, "a partir de tal acepção econômica é que se desenvolve o conceito jurídico de empresa, o qual não nos é dado explicitamente pelo direito positivo, nem mesmo nos países onde a teoria da empresa foi positivada inicialmente".[137]

Em sua consagrada obra *Curso de Direito Comercial*, ao tratar da empresa, Requião dá uma boa noção econômica de empresa, da qual se destaca a citação do economista J. B. Say, que exaltou a figura do empresário, asseverando que ele é "o eixo a um tempo da produção e da repartição, aquele que adapta os recursos sociais às necessidades sociais e que remunera os colaboradores da obra cujo chefe é".[138]

Note-se que na própria teoria do Direito Econômico, no âmbito de seu estudo, segundo Giovanni Quadri, as matérias se misturam de maneira "substancial e metodológica entre direito e economia, não se distinguindo um e outro". Daí a razão de Quadri em eleger como disciplina mais adequada o

---

[136] BULGARELLI, Waldirio. **Tratado de direito empresarial**. 2000. pp. 13 e 14.

[137] TOMAZETTE, Marlon. **A teoria da empresa:** o novo direito "comercial". 2002.

[138] SAY, J. B. apud REQUIÃO, Rubens. Op. cit. p. 49.

Direto Público da Economia, isto porque, "entende que esta denominação dá ênfase à matéria genuína e exclusivamente jurídica".[139]

Na lição de João Bosco Leopoldino da Fonseca, para Massimo Severo Giannini, em seu *Diritto Pubblico dell'Economia*, haveria uma distinção na amplitude do estudo entre o Direito da Economia e o Direito Econômico, "sendo o primeiro mais abrangente que o segundo". Destaca também, que André de Laubadère, em seu *Droit Publique Économique*, compartilha dessa mesma ideia, aceitando que quando se está diante do *Direito da Economia*, trata-se de um "direito aplicável a todas as matérias que entram na noção de economia"[140], e dentre elas, evidentemente encontra-se o fenômeno da empresa.

Em se tratando de Direito Constitucional Econômico, a própria Constituição Federal de 1988 prescreve em seu parágrafo único do art. 170, que principia o Capítulo 1, *Dos Princípios Gerais da Ordem Econômica*, que "é assegurado a todos o livre exercício de qualquer atividade econômica, independentemente de autorização de órgãos públicos, salvo nos casos previstos em lei". Considerando que a atividade empresarial aí se enquadra dentre as atividades econômicas, do que não há dúvidas, sendo a empresa um ente eminentemente econômico.

Na medida em que o princípio constitucional da *livre iniciativa*, insculpido no art. 1º, IV, da Carta Magna é previsto no *caput* do já citado art. 170, que tem a seguinte redação: "A ordem econômica, fundada na valorização do trabalho humano e na livre iniciativa, tem por fim assegurar a todos existência digna, conforme os ditames da justiça social, observados os seguintes princípios", dos quais se cita também o *IV - livre concorrência*. Isto implica que esta questão de ordem econômica trata das atividades empresariais e profissionais de

---

[139] FONSECA, João Bosco Leopoldino da. **Direito econômico**. 2005. p. 12.

[140] Ibid. p. 12.

forma geral. Isto corrobora a afirmação acima quanto à empresa, no entanto, consideramo-la um ente jurídico-econômico, podendo ser harmonicamente estudada e definida pelos Direitos: Comercial, de Empresa, Econômico ou da Economia; bem como pela própria Economia, pacificando a questão para o presente estudo da *teoria geral da empresa*.

Assim, ao estudar o novo perfil da empresa, Isabel Vaz também a estuda à luz da Carta Magna de 1988, asseverando que ela é uma:

> instituição dotada de personalidade jurídica, no seio da qual se organizam os fatores de produção com vistas ao exercício de atividades econômicas ou à prestação de serviços em face dos princípios ideológicos adotados pela Constituição.[141]

Como se verificou nas noções anteriormente dadas, a empresa tem um caráter eminentemente econômico, notadamente pelas relações juridicamente estabelecidas, advindas da intromissão dos *agentes econômicos* no mercado, nas atividades mercantis, que operacionalizam e impulsionam a economia[142], quer no campo da microeconomia[143], quer da macroeconomia[144].

---

[141] VAZ, Isabel. **Direito econômico das propriedades**. 1993. p. 481.

[142] "A Economia descreve o comportamento das empresas e dos agentes econômicos, em geral. Por exemplo, a Economia serve para prever qual será o comportamento das empresas e dos consumidores se o preço de um determinado produto subir." Cf. MATA, José. **Economia da empresa**. 2000. p. 14.

[143] "A Microeconomia é aquela parte da teoria econômica que estuda o comportamento das unidades, tais como os consumidores, as indústrias e empresas, e suas inter-relações." Cf. TROSTER; MOCHÓN. **Introdução à economia**. 2002. p. 6.

[144] "A Macroeconomia estuda o funcionamento da economia em seu conjunto. Seu propósito é obter uma visão simplificada da economia que, porém, ao mesmo tempo, permita conhecer e atuar sobre o nível da atividade econômica de um determinado país ou de um conjunto de países." Cf. TROSTER; MOCHÓN. Op. cit. p. 6.

Do ponto de vista econômico, Vasconcellos e Garcia ao estudarem a questão microeconômica, buscam o objetivo das empresas produtoras de bens e serviços, prelecionando que:

> A grande questão na Microeconomia, que inclusive é a origem das diferentes correntes de abordagem, reside na hipótese adotada quanto aos objetivos da empresa produtora de bens e serviços. A análise tradicional supõe o princípio da racionalidade, segundo o qual o empresário sempre busca a maximização do lucro total, otimizando a utilização dos recursos de que dispõe.[145]

Da atividade empresarial se presume uma movimentação econômica, advinda da produção de produtos e serviços, que objetiva a lucratividade, gera riquezas, empregos e renda, e faz com que a economia circule. Neste ponto,

> O estudo macroeconômico trata da formação e distribuição do produto e da renda gerados da atividade econômica a partir de um fluxo contínuo que se estabelece entre os chamados agentes macroeconômicos: famílias, empresas, governo e setor externo.[146]

Nesta mesma seara, ao tratar das distinções entre micro e macroeconomia em sua obra *Economia da Empresa*, o economista português José Mata assim preleciona:

> Outra distinção importante é a distinção entre modelos microeconómicos e modelos macroeconómicos. Ao contrário dos modelos microeconómicos que se preocupam com as decisões dos agentes económicos individualmente considerados e com os efeitos sobre cada mercado em particular, os modelos macroeconómicos não olham especificamente para os movimentos de preços e quantidades transaccionadas em cada mercado. Pelo contrário, olham para os efeitos de uma dada alteração sobre a evolução do conjunto

---

[145] VASCONCELLOS; GARCIA. **Fundamentos de economia**. 2000. p. 32.

[146] Ibid. p. 95.

dos preços – a inflação – e sobre a evolução da produção agregada – o produto nacional.[147]

Para Troster e Muchón, em sua *Introdução à Economia*, "num sistema de economia de mercado, a empresa privada realiza a função produtiva fundamental". Assim, verifica-se que "é a unidade de produção por excelência, encarregada de combinar fatores de produção – trabalho, capital e recursos naturais –, para produzir bens e serviços que, posteriormente, serão vendidos no mercado".[148]

Destarte, observa-se que a empresa – e suas atividades empresariais – se enquadra no enfoque das atividades econômicas, e ao passo que habita o mundo econômico, ao mesmo tempo coabita o universo jurídico.

Isso observado, busca-se então uma definição de empresa no espectro da economia, que para o *Dicionário Internacional de Economia e Finanças*, empresa significa:

> uma unidade econômica autônoma que permite a operacionalidade de um conjunto de fatores de produção[149], com o objetivo de produzir bens ou serviços[150] para o mercado[151]. Concebida desse modo,

---

[147] MATA, José. **Economia da empresa**. 2000. p. 13.

[148] TROSTER; MOCHÓN. **Introdução à economia**. 2002. p. 81.

[149] FATORES DE PRODUÇÃO: Elementos cuja combinação permitem a produção. Cf. BERNARD, Yves; COLLI, Jean-Claude. **Dicionário internacional de economia e finanças**. 1998. p. 184.

[150] BENS E SERVIÇOS: "Produtos da atividade econômica, elementos constituídos da produção." Cf. BERNARD, Yves; COLLI, Jean-Claude. Op. cit. p. 55.

[151] MERCADO 1: "Conjunto das operações que dizem respeito a um determinado tipo de bem ou serviço, ou a um local específico, onde essas operações são realizadas. Fala-se assim do mercado da carne, mercado de trabalho, mercado monetário, ou ainda do mercado de Londres. Estado e evolução da oferta e da demanda em um determinado setor." Cf. BERNARD, Yves; COLLI, Jean-Claude. **Dicionário internacional de economia e finanças**. 1998. p. 256.

a empresa distingue-se do estabelecimento, que representa uma unidade de produção[152] tecnicaménte individualizada, mas juridicamente dependente. Uma empresa pode abranger vários estabelecimentos.[153]

Empresa também se encontra definida no *Glossary of Economic Terms*, levando-se em conta que a expressão de língua inglesa *enterprise*, que além de empresa, também é utilizada como sinônimo de empreendimento, companhia e firma:

> *Enterprise: An organization that combines scarce resources for the production and supply of goods and services. The term enterprise is generally used synonymously with other terms such as business, firm, and company. If a distinction exists, enterprise can be profit oriented, nonprofit, privately owned, or government controlled. Alternatively, the term enterprise might also be used more in reference to the production activity itself rather than the organization.* [154]

O *Dicionário de Economia* define empresa como sendo uma

MERCADO 2: "Considerando o mercado como o conjunto de necessidades humanas cujo atingimento se dá mediante o acesso a mercadorias e/ou serviços, verificamos que todos os negócios devem pressupor a existência de diversos públicos, cujas necessidades de produtos e serviços dependem de seu poder aquisitivo, da disposição de despender um esforço-preço e da capacidade oferecida de produção e distribuição desses bens e/ou serviços." In: LOBATO, David Menezes. **Administração estratégica**. 1997. p. 76

[152] PRODUÇÃO: Criação de um bem ou de um serviço adequado para a satisfação de uma necessidade. Cf. BERNARD, Yves ; COLLI, Jean-Claude. Op. cit. p. 312.

[153] EMPRESA: "Do francês, *entreprise*; do inglês, *enterprise* (ou *business, firm, company*); do alemão, *unternehmen*." Cf. BERNARD, Yves; COLLI, Jean-Claude. Op. cit. p. 160.

[154] *ENTERPRISE*: **Glossary of economic terms**. 2006. **Tradução livre**: "Empresa: Uma organização que combina recursos escassos para a produção e provisão de bens e serviços. O termo empresa é geralmente usado como sinônimo de outros termos como negócio, firma ou companhia. Se há uma distinção, a empresa pode ser orientada pelo lucro, sem lucro, possuído reservadamente, ou de controle governamental. Alternativamente, o termo empresa também poderia ser melhor utilizado em referência à própria atividade de produção em lugar da organização".

"organização destinada à produção e/ou comercialização de bens ou serviços, tendo como objetivo o lucro". Ainda que esta definição se assemelhe a de outros autores, Sandroni classifica a empresa em quatro categorias: "agrícola, industrial, comercial e financeira".[155] Note-se que não se incluiu aí a categoria de serviços.

Outro ponto da teoria econômica da empresa é a questão da lucratividade, da geração de riquezas e da circulação da economia. Assim, entende-se que para esta teoria, o lucro é inerente à atividade econômica, ainda que na consecução da atividade empresarial não seja alcançado. Isto quer dizer que a lucratividade fundamenta a empresa do ponto de vista da economia, considerando os aspectos econômicos, financeiros, geração de riquezas e distribuição de renda.

Entretanto, para a teoria jurídica da empresa, ainda que a antiga definição de comerciante estivesse atrelada ao lucro, certamente a nova definição de empresário prescrita pelo Código Civil de 2002, nada dispõe expressamente nesse sentido, todavia, presume-se a lucratividade por se tratar de atividade "profissional". Assim, para a teoria jurídica, o lucro não é mandamento fundamental, único, ainda que a lucratividade seja intrínseca à atividade empresarial.

O Código Civil elenca os tipos de pessoas jurídicas de direito privado em seu Art. 44, e dentre elas as "sociedades" (inciso II); e o art. 981 prescreve que "celebram contrato de sociedade as pessoas que reciprocamente se obrigam a contribuir, com bens e serviços, para o exercício de atividade econômica e a partilha, entre si, dos resultados". Também, foram incluídas as "empresas individuais de responsabilidade limitada" (inciso VI), pela Lei nº 12.441, de 11 de julho de 2011.

Conclui-se, portanto, que à luz do Direito de Empresa, *empresa* é uma atividade economicamente organizada, que

---

[155] SANDRONI, Paulo (Org.). **Dicionário de economia**. 1989. p. 101.

conjuga os fatores de produção (mão-de-obra, capital e matéria-prima) para a produção e distribuição de bens ou serviços para o mercado, com intuito de lucro[156].

4- Teoria Jurídica da Empresa

O objetivo desta teoria é apresentar a natureza jurídica da empresa, ou seja, busca-se aqui o enquadramento do fenômeno da empresa no mundo jurídico, ainda que já nos anos 50 do século XX, o comercialista italiano Ugo Murano assim prelecionou: *"copiosa è la letteratura sul problema dell'identificazione della nozione giuridica d'impresa"*.[157]

Como se verificou, a empresa parte de um fenômeno econômico, de cuja centelha, há muito os juristas vêm procurando enquadrá-la como fenômeno jurídico e uma das questões suscitadas quanto à teoria jurídica da empresa é a forma com que ela – a empresa – se posiciona frente ao Direito. Salandra parte de duas questões em seu artigo *Il concetto d'impresa*, como se verifica:

> *Il primo interrogativo è proprio sul concetto d'impresa, ovvero, economicamente, impresa significa "organizzazione dei fattori della produzione: natura, capitale e lavoro". Secondo interrogativo: quomodo questa organizzazione economica, questo fenomeno economico appare di fronte al diritto?*[158]

---

[156] EMPRESA: conceito elaborado pelo Autor.

[157] MURANO, Ugo. **La così detta proprietà commeciale e la sua tutela**. 1950. p. 128. **Tradução livre**: "Extensa é a literatura sobre o problema da identificação da noção jurídica da empresa".

[158] SALANDRA, Giandonato La. **Il concetto d'impresa e il nuovo contratto sociale**. 2006. **Tradução livre**: "A primeira questão é propriamente sobre o conceito de empresa, isto é, economicamente, empresa significa "organização dos fatores de produção: natureza, capital e trabalho". A segunda questão: de que modo esta organização econômica, este fenômeno econômico se coloca frente ao direito?"

Em resposta a esta última indagação, a teoria da empresa surgiu no Direito italiano para se contrapor à teoria dos atos de comércio (como já mencionado), sendo consagrada com a promulgação do Código Civil italiano de 1942, que unificou o Direito Privado.

> Apesar do termo empresa ter seu surgimento no Código Comercial francês de 1807, ao referir-se ao contrato de empresa, ou fornecimento de serviços, dentro da matéria de competência dos Tribunais de Comércio, somente no Código Civil Italiano de 1942 é que a empresa foi acolhida sob à égide do empresário, do estabelecimento e da atividade.[159]

Rubens Requião ensina que o conceito jurídico de empresa assenta-se sobre um aspecto econômico. Assim, cita as lições do professor Giuseppe Ferri:

> a produção de bens e serviços para o mercado é consequência de atividade especializada e profissional, que se explica através de organismos econômicos permanentes nela predispostos; e que estes organismos que se concretizam da organização dos fatores de produção e que se propõem a satisfação das necessidades alheias, e, mais precisamente, das exigências do mercado geral, tomam na terminologia econômica o nome de empresa[160].

Percebe-se pelos ensinamentos de Ferri a difícil tarefa da qualificação jurídica da empresa e, antes, uma conceituação precisa do instituto que já neste primeiro contato traduz-se em tão complexa missão.

Deste modo, não se pretende de forma alguma, neste estudo, traçar um novo e preciso conceito jurídico de empresa,

---

[159] BULGARELLI, Waldirio. **Sociedades comerciais**: Sociedades civis e sociedades cooperativas, empresas e estabelecimento comercial. 2000. pp. 24-27.

[160] FERRI, Giuseppe apud REQUIÃO, Rubens. **Curso de direito comercial**. 2003. v.1. p. 49.

pois o máximo que se ousa fazer é mostrar os diferentes conceitos e definições dos autores acerca do tema e, para tal, parte-se novamente da qualificação dos *atos de comércio*, dos quais a *empresa* é considerada sucessora.

Como já exposto, os comercialistas tinham por enfoque um critério objetivo, voltado para o objeto da atividade mercantil – os atos de comércio –; este critério sofreu grande pressão do capitalismo, tendo resultado em sua mudança de enfoque, passando a possuir um critério eminentemente subjetivo; assim, "criou-se a necessidade de se estabelecer um tratamento jurídico especial para a empresa, considerada como forma organizada de atuação econômica visando produção de riquezas".[161]

O aspecto extremamente econômico que é atribuído à empresa dificultou em muito seu ajuste às normas e doutrinas jurídicas, conforme ensina Bulgarelli:

> A empresa como concebida economicamente, não se ajustava às categorias jurídicas tradicionais, sobretudo às decorrentes da chamada summa divisio, ou seja, sujeitos, fatos e objetos de direito (pessoas, bens e suas relações). [...]
>
> Mas por outro lado, uma parte da doutrina descobriu a empresa e insistia em torná-la o centro de convergência do moderno Direito Comercial, chegando a propor a transformação do Direito Comercial em Direito das empresas, indo outros mais além, ao propor que a regulamentação da empresa tivesse tal amplitude que servisse de base a um Direito geral das atividades econômicas, dito Direito Econômico.[162]

Esse aspecto (econômico) pôde ser visualizado pelas definições dadas ao instituto, conforme se teve oportunidade de se observar, quanto à teoria econômica da empresa.

---

[161] MAMEDE, Gladston. **Direito empresarial brasileiro**. 2004. v. 1. p. 35.

[162] BULGARELLI, Waldirio. **Sociedades comerciais**: sociedades civis e sociedades cooperativas, empresas e estabelecimento comercial. 2000. p. 295.

Diante da difícil tarefa que se constitui a inserção da empresa no mundo jurídico, não se pode deixar de transcrever as lições de Bulgarelli:

> Trata-se, de um lado, da evolução do Direito Comercial na trilha dos progressos verificados no Direito em geral, até conciliar o seu pragmatismo com os elementos técnicos e científicos indispensáveis para a consecução dos seus objetivos, na regulação da atividade empresarial moderna; de outro, da recepção do regime da empresa (conceito, estrutura, função etc.) pelo Direito, surgindo como instituto basilar de uma nova disciplina jurídica, caracterizadora de um ramo próprio e específico do Direito, exatamente o Direito Empresarial dos nossos dias.[163]

A importância da qualificação do fenômeno econômico-social da empresa no plano jurídico é traduzida pelo destaque ocupado por ela perante a sociedade moderna. Neste sentido, Comparato afirma que:

> se quiser indicar uma instituição social que, pela sua influência, dinamismo e poder de transformação, sirva de elemento explicativo e definidor da civilização contemporânea, a escolha é indubitável: essa instituição é a empresa. É dela que depende, diretamente, a subsistência da maior parte da população ativa deste país, pela organização do trabalho assalariado.[164]

A atividade econômica e a sua organização constituem o núcleo da teoria da empresa; seu foco principal está na ação dessa atividade na esfera econômica, sugerindo total impessoalidade, literalmente se opondo à teoria dos *atos de comércio*, cujo foco era estritamente pessoal, uma vez que tutelava os atos dos comerciantes.

A teoria jurídica da empresa tem como principal

---

[163] BULGARELLI, Waldirio. **Normas jurídicas empresariais**. 2000. p. 21.

[164] COMPARATO, Fábio Konder. **Direito empresarial**. 1995. p. 3.

fundamento inovar determinados conceitos e posições jurídicas, tanto no plano legislativo quanto no doutrinário, e como prova dessa afirmação, pode-se citar os atos jurídicos que, antes do advento da teoria da empresa, eram considerados em si, mercantis ou civis, e a partir desta consideração ou classificação, constituíam fator norteador da incidência das normas, assim, se o ato era de natureza mercantil era disciplinado pelas normas de Direito Comercial; se sua natureza fosse cível, seria então, regulado pelo Direito Civil.

A grande inovação conceitual proporcionada pela nova teoria jurídica refere-se às regras de Direito Privado (Comercial e Civil), quando o destaque dado à dicotomia dos atos jurídicos cedeu espaço para a função ou atividade econômica desenvolvida pelo empresário e a própria organização ordenada dos meios de produção, característica da empresa.

Divergem os doutrinadores quanto à qualificação jurídica da empresa: se *objeto* ou *sujeito* de Direito.

Para Murano,

> *L'elaborazione della dottrina sul fenomeno economico impresa-azienda, di fronte al vigente sistema legislativo può raggrupparsi nella corrente che distingue i due concetti come due entità o figure giuridiche diverse, ed in quella che li considera invece come aspetti diversi (soggettivo ed oggetivo) di una medesima entità.* [165],

Tal divergência é causada pelo desacordo doutrinário quanto à elaboração de um conceito jurídico unitário de empresa e, consequentemente, sua qualificação jurídica; dessa forma, alguns doutrinadores buscaram outros elementos, e dentre os resultados alcançados, merece destaque a visão poliédrica da empresa, defendida pelo professor Alberto

---

[165] MURANO, Ugo. **La cosi detta proprietà commeciale e la sua tutela**. 1950. p. 128. **Tradução livre**: "A elaboração da doutrina sobre o fenômeno econômico empresa-estabelecimento, frente ao sistema legislativo vigente pode se agrupar na corrente que distingue os dois conceitos como duas entidades ou figuras jurídicas distintas, em vez daquela que a considera como aspecto diverso (subjetivo e objetivo) de uma mesma entidade."

Asquini, da Universidade de Roma, a que denominou de *perfis*.

Isso porque Asquini percebeu que as dificuldades com que se deparavam os comercialistas, no sentido de conceituar empresa, decorriam de sua complexidade, que tornava praticamente impossível obter um conceito unitário. Ainda, em seu artigo *Profili frll'impresa*, publicado em 1943, logo após a publicação do *Codice Civile* italiano, Asquini assim o inicia:

> *Nei primi contatti della pratica col nuovo codice civile sul tema dell'impresa si è creato un certo disorientamento. Non è piaciuto a molti che il codice non abbia dato una definizione giuridica dell'impresa. Meno incoraggiante è sembrata la posizione discordante presa al riguardo dai commentatori del codice [...].*[166]

A partir daí Asquini elabora a teoria poliédrica da empresa, a partir do *Codice Civile* de 1942, que unificou o Direito Privado na Itália; assim, destacou "quatro perfis, ou ideias, sob os quais o código considera o fenômeno econômico da empresa".

Os perfis distinguidos por Asquini são: perfil subjetivo (empresa como empresário), perfil funcional (empresa como atividade empreendedora), perfil patrimonial (empresa como estabelecimento) e perfil corporativo (empresa como instituição). Sobre esses quatro perfis, ensina Asquini:

O conceito de empresa, em relação ao "perfil subjetivo", deriva da definição de empresário fornecida pelo Código Civil italiano de 1942, em seu artigo 2082, isto é, alguém que exerce profissionalmente uma atividade econômica organizada com o objetivo de produzir, distribuir ou trocar bens ou serviços. Esta definição implica os seguintes elementos: o sujeito de direito

---

[166] ASQUINI, Alberto. *Profili dell'impresa.* **Rivista del Diritto Commerciale** *e del Diritto Generale delle Obbligazioni.* 1943. p. 1. **Tradução livre**: "Nos primeiros contatos da prática com o novo código civil sobre o tema empresarial, surgiu uma certa desorientação. Muitos não gostaram do fato de o código não dar uma definição legal da empresa. Menos encorajadora parecia ser a posição discordante assumida a este respeito pelos comentadores do código".

(quem exerce), a natureza específica da atividade, a finalidade produtiva e a profissionalização.

No que diz respeito ao "perfil funcional", Asquini explica que do ponto de vista funcional ou dinâmico, a empresa é vista como uma força em ação, representada por sua atividade direcionada para um objetivo produtivo específico.

O "perfil patrimonial" ou objetivo da empresa, ou seja, a empresa como um estabelecimento, resulta da projeção do fenômeno econômico no patrimônio, o que resulta em um patrimônio especial separado do restante patrimônio do empresário. É importante destacar que empresa não deve ser confundida com estabelecimento (*azienda*).

Esses três perfis consideram a empresa do ponto de vista individualista do empresário, mas também existe o "perfil corporativo", no qual a empresa é vista como uma organização de pessoal composta pelo empresário e seus colaboradores.[167]

> Sobre o empresário e seus colaboradores, conforme explicado por Asquini, sob o perfil corporativo, não são apenas uma coleção de indivíduos ligados por uma série de relações de trabalho individuais e objetivos pessoais, mas sim constituem um núcleo social organizado em busca de um objetivo comum, no qual se fundem os interesses individuais do empresário e dos colaboradores para alcançar o melhor resultado econômico na produção.[168]

Já o fenômeno da empresarialidade, desenvolvido por Bulgarelli, consiste num "superconceito", utilizado para a definição de empresa. Segundo Requião, só se chega à compreensão de empresa através da empresarialidade, que é um conceito composto, envolvendo as três manifestações concretas: o empresário, a atividade e o estabelecimento.

---

[167] ASQUINI, Alberto. *Profili dell'impresa*. **Rivista del Diritto Commerciale** *e del Diritto Generale delle Obbligazioni*. 1943. pp. 6-19.

[168] Ibid. p. 18.

Bulgarelli disserta que "perante a escala classificatória básica, o empresário vem sendo considerado sem contestação, como *sujeito de direito* e o estabelecimento como *objeto de direito*, já que se constitui num complexo de bens organizados".[169]

Quanto à empresa, propriamente dita, Bulgarelli afirma que:

> Para a empresa, entretanto, concebida como atividade econômica organizada, impõe-se a qualificação prévia da atividade em si, a qual, deve ficar ajustada na categoria geral dos fatos jurídicos, ao lado dos fatos jurídicos estrito senso dos negócios jurídicos.[170]

A empresa pode ser considerada como "coletividade jurídica e fática, constituindo assim, bem patrimonial, que pode ser negociado em sua universalidade".[171] Outro ponto a ser considerado é a questão do lucro, ainda não pacificada na doutrina.

Para a teoria econômica da empresa, concluiu-se que o lucro é fator determinante e justificador da atividade econômica, notadamente desenvolvida pelo empresário através da empresa. Entretanto, para a teoria jurídica da empresa, ainda que a antiga definição de comerciante estivesse atrelada ao lucro, na nova definição de empresário dada pelo art. 966 do Código Civil brasileiro não há nada prescrito nesse sentido.

Ainda em relação à empresa, cuja definição jurídica não foi dada nem pelo *Codice Civile* italiano e nem tampouco pelo brasileiro, sua definição parte daquela dada ao empresário, e é oportuno compreender que nem o Código Civil nem a Constituição Federal não impõem o lucro como fundamento ou princípio jurídico da atividade empresarial. Em sua

---

[169] BULGARELLI, Waldirio. **Tratado de direito empresarial**. 2000. p. 130.

[170] Ibid. p. 132.

[171] MAMEDE, Gladston. **Direito empresarial brasileiro**. 2004. v. 1. p. 45.

dissertação, Comparato estuda muito bem esta importante questão, quando trata do assunto em seu *Direito Empresarial*, prelecionando que:

> Voltando a considerar a norma fundamental da ordem econômica e social do País, expressa no art. 160[172] da Constituição da República, verifica-se que a lucratividade empresarial não vem aí consagrada como princípio. Tecnicamente falando, portanto, não se trata de um objetivo obrigatório, ou fim programático. O lucro não entra, na organização do sistema econômico, com as características de um *oportere*, de um dever supremo, ou então de uma liberdade fundamental do homem. É um simples *licere*, uma liceidade sem conteúdo impositivo, o que demonstra sua não-inclusão na esfera social, dos interesses do povo, e sua pertinência ao campo dos interesses particulares, hierarquicamente inferiores àquele.[173]

Destarte, ainda que o lucro seja fator justificador e preponderante para a atividade econômico-empresarial na *teoria econômica da empresa*, anteriormente estudada, certamente não o é para a *teoria jurídica*, aqui tratada.

Assim, à semelhança de empresário, a *empresa* consiste em toda atividade econômica exercida de forma profissional e organizada, voltada à produção ou à circulação de bens ou serviços.

Isso posto, pode-se concluir o presente tema, qual seja a teoria jurídica da empresa, através da própria conclusão de

---

[172] Ao citar o art. 160 da Constituição, Comparato se refere à chamada Constituição de 1967, porém, trata-se de da Emenda Constitucional n. 1, de 17 de outubro de 1969, que substituiu toda a Constituição da República Federativa do Brasil de 1967. Cf. CAMPANHOLE, Adriano et CAMPANHOLE, Hilton Lobo. **Todas as constituições do Brasil**. 1976. p. 59. Na Constituição Federal de 1988, trata-se do art. 170. Comparato não atualizou a norma constitucional citada.

[173] COMPARATO, Fábio Konder. **Direito empresarial**. 1995. p. 11.

Bulgarelli:

> Concretizada no estabelecimento, subjetivizada no empresário, realizada na atividade, projetando-se nas relações do empresário e nas relações com terceiros e com os trabalhadores, acirrando-se na relação com o Estado, com a comunidade e com credores, a empresa é uma realidade, tanto como fenômeno maravilhoso quanto útil.[174]

5- O Moderno Conceito de Empresa

Uma das tarefas mais árduas do universo jurídico na atualidade tem sido estabelecer um conceito de empresa, como já se verificou.

Em seu interessante artigo sobre *Il concetto d'impresa*, Salandra propõe uma metafórica definição para empresa, que vale a pena ser citada, não pelo conceito em si, mas pela engenhosidade do que busca alcançar: *"L'impresa è l'atomo intorno al quale si muovono le diverse cariche"*.[175]

Com muita propriedade, Rubens Requião assevera que não se pode confundir a empresa com o estabelecimento, posto que ela constitui uma abstração, não sendo uma entidade material e visível e, prosseguindo, ensina que:

> Brunetti, professor italiano de alto conceito, chegou à conclusão da abstratividade da empresa, observando que a "empresa, se do lado político-econômico é uma realidade, do jurídico é *un'astrazione*, porque, reconhecendo-se como organização de trabalho

---

[174] BULGARELLI, Waldirio. **Sociedades comerciais**: sociedades civis e sociedades cooperativas, empresa e estabelecimento comercial. 2000. p. 296.

[175] SALANDRA, Giandonato La. ***Il Concetto d'impresa e il nuovo contratto sociale***. 2006. **Tradução livre**: "A empresa é um átomo em torno do qual diversas cargas se movem."

formada das pessoas e dos bens componentes da *azienda*, a relação entre a pessoa e os meios de exercício não pode conduzir senão a uma *entidade abstrata*, devendo-se na verdade ligar à pessoa do titular, isto é, ao empresário.[176]

Diante do exposto, possível de se compreender porque até mesmo o Código Civil brasileiro limitou-se a conceituar tão somente o empresário e o estabelecimento, como o fez o italiano, pois o conceito de empresa tem por alicerce esses dois elementos materiais, sendo ela tão somente a organização e, assim, uma abstratividade.

Sinteticamente, baseando-se no conceito dado a empresário, pode-se dizer que a empresa consiste em toda atividade econômica exercida de forma repetida e organizada, voltada à produção ou à circulação de bens ou de serviços.

Mamede relata que "a empresa na sua qualidade de organização, é um conjunto de partes com funções específicas, constituída artificialmente pelo engenho humano, com a finalidade de otimizar a atuação no plano econômico, ou seja, de produzir riquezas"[177].

Dessa forma, o autor instrui que a empresa pressupõe um "plus", que é a estruturação da atividade produtiva com vistas à execução habitual, se opondo também ao trabalho essencialmente individual.

Bulgarelli, após detalhado estudo acerca da complexidade da definição de empresa, ensina que é ela "concebida como atividade econômica organizada para a produção e ou circulação de bens ou serviços para o mercado, exercida profissionalmente".[178]

---

[176] REQUIÃO, Rubens. **Curso de direito comercial**. 2003. v. 1. p. 59.

[177] MAMEDE, Gladston. **Direito empresarial brasileiro**. 2004. v. 1. p. 42.

[178] BULGARELLI, Waldirio. **Tratado de direito empresarial**. 2000. p. 129.

5.1- Distinção entre Empresa e Sociedade

Nosso Direito Societário é agora objeto tutelado pelo novo Código Civil brasileiro, contemplando uma unificação legislativa parcial do Direito Privado, tendo em vista que somente a primeira parte do Código Comercial foi revogada. Assim, o legislador incluiu na *Parte Especial* do *Livro II* do Código Civil, o Direito de Empresa.

A matéria do Direito Societário antes regulada pelo Código Comercial, Título XV, *Das Companhias e Sociedades Comerciais*, do art. 287 ao 353 é agora regulada a partir do art. 981 do Código Civil, que cuida das sociedades não personificadas e das sociedades personificadas.

Em seu *Trattato*, Lorenzo Mossa preleciona que:

> *La società commerciale di oggi affonda le sue radice nel primordiale diritto della societas. Secoli e secoli sono passati, dando origine a fortune più progredite e sottili, ad organismo giganteschi, nelle variazioni sensibili dell'economia, na la trama spirituale della società è perenne e cristallina.*[179]

Para Geraldo Moura, a palavra sociedade apresenta duas acepções:

> é contrato, quando algumas pessoas se obrigam a empregar recursos ou meios com o objetivo de alcançar interesses comuns; é corpo institucional (ou moral) formado pelo ato coletivo de instituição da sociedade e pela constituição da personalidade jurídica através do

---

[179] MOSSA, Lorenzo. **Trattato del nuovo diritto commerciale**. 1951. v. II. p. 1. **Tradução livre**: "A sociedade comercial de hoje tem sua raiz mais profunda no direito fundamental das sociedades. Séculos e séculos passaram e deram origem à fortunas mais avançadas e sutis, para organismo gigantesco, nas variações sensíveis da economia, mas o enredo espiritual da sociedade é perene e cristalino."

registro, declaratório da existência da nova sociedade.[180]

Ainda, na preleção do autor, a expressão sociedade na acepção de contrato, "é o ato negocial em que duas ou mais pessoas convencionam pôr em comum seus bens", destacando que esses podem ser no todo ou em parte, para a prática habitual de atividades empresariais com o fim de lucro, conquanto se verificarem perdas, estas também são divididas entre os sócios. [181]

Quanto a distinção entre empresa e sociedade, não bastam apenas os conceitos de uma ou outra expressão, é necessário ir além, apresentando o que difere uma da outra, visto que comumente são usadas como sinônimos, sem, contudo, o serem.

Requião ensina que "a principal distinção, e mais didática, entre *empresa* e *sociedade* é a que vê na sociedade o *sujeito de direito*, e na empresa, mesmo como exercício de atividade, o *objeto de direito*."[182]

A *sociedade* não pode ser confundida com a *empresa*, posto que, em correlação, a sociedade ocuparia a mesma posição do empresário, a figura que irá exercitar a atividade produtiva, e não a própria atividade.

Quando a atividade empresária é exercida por pessoa jurídica, representada por duas ou mais pessoas, será ela uma sociedade, que poderá ser uma *sociedade simples* ou *sociedade empresária*, que não se misturam com as antigas denominações, *sociedades civis* e *sociedades comerciais*, não mais utilizadas em nosso Direito pátrio.

Ricardo Negrão ensina que:

---

[180] MOURA, Geraldo Bezerra de. **Curso de direito comercial**. 2001. p. 182.

[181] Ibid. pp. 183-184.

[182] REQUIÃO, Rubens. **Curso de direito comercial**. 2003. v. 1. p. 60.

antes da promulgação do novo Código Civil brasileiro eram três os diplomas legais que dispunham sobre as espécies societárias admitidas no Direito Comercial brasileiro: o Código Comercial de 1850, o Decreto nº 3708, de 10 de janeiro de 1919[183], e a Lei nº 6404, de 15 de dezembro de 1976[184]; a matéria agora, vem tratada nos arts. 40 a 52 e 981 a 1141 do Código Civil de 2002.[185]

O artigo 981 do Código Civil trata do contrato que gera a sociedade entre as pessoas:

> Art. 981. Celebram contrato de sociedade as pessoas que reciprocamente se obrigam a contribuir, com bens ou serviços, para o exercício de atividade econômica e a partilha, entre si, dos resultados.[186]

Assim, através do contrato social, duas ou mais pessoas se vinculam, reunindo seus capitais e trabalho, para alcançar determinado objetivo comum.

A sociedade deve ser entendida como toda pessoa jurídica, cujos integrantes visam um fim comum e específico – o denominado objeto social –, caracterizado no contrato social.

Conclui-se, portanto, que *sociedade* se distingue de *empresa*, pois a primeira é o sujeito do direito, formada pela união de duas ou mais pessoas que reunidas através de seus objetivos comuns, assinam o contrato social, ao passo que empresa é o objeto do direito, caracterizado pela atividade empreendida para a consecução dos fins econômicos da sociedade.

---

[183] Lei das Sociedades Limitadas.

[184] Lei das Sociedades Anônimas.

[185] NEGRÃO, Ricardo. **Manual de direito comercial e de empresa**. 2003. v. 1. p. 227.

[186] BRASIL. **Código civil**. Lei nº 10.406, de 10 de janeiro de 2002.

5.2- Distinção entre Sociedade Simples e Sociedade Empresária

Sob a égide do Código Civil de 1916 e do Código Comercial de 1850, as sociedades eram distinguidas pelo seu objeto social – civil ou comercial – e não pelo fato de terem fim lucrativo ou não. Com o advento do novo Código Civil, a classificação se deu em duas categorias: *sociedade simples* e *sociedade empresária.*

Para Ricardo Negrão, a sociedade empresária é distinguida da simples, por possuir como característica três elementos formadores:

> a) a economicidade – consistente na criação de riquezas;

> b) a organização – representada por uma estrutura visível, de fatores objetivos de produção; e

> c) a profissionalidade – ou habitualidade de seu exercício.[187]

Entretanto, em arguição do professor José Maria Trepat Cases, estes não são os elementos que diferenciam as sociedades simples das empresárias, e sim a natureza da atividade desempenhada pela sociedade. Ou seja, mesmo a *sociedade simples*, a de advogados por exemplo, como lembra Trepat Cases, tem fim econômico e gera riquezas, é organizada e exercida de forma profissional.[188]

Nesse sentido, Negrão assinala:

> Em relação à atividade desenvolvida, as sociedades se classificam em: (1) empresárias, as que exercem

---

[187] NEGRÃO, Ricardo. **Manual de direito comercial e de empresa**. 2003. v. 1. p. 235.

[188] Informação verbal fornecida pelo Prof. Dr. José Maria Trepat Cases, com a qual nos filiamos, em arguição durante a defesa pública de dissertação de Mestrado em Direito, deste autor.

atividade econômica organizada para a produção ou a circulação de bens ou serviços; (2) simples, todas as demais, isto é, as que, embora pratiquem atividade econômica, não desenvolvem o objeto próprio das empresárias (art. 982).[189]

Fabretti destaca que o Código Civil de 1916 "definia como pessoas jurídicas de direito privado, entre outras, as sociedades civis".[190] Assim, eram consideradas como sociedades civis aquelas que tinham como objeto a prestação de serviços em geral, enquanto que as sociedades comerciais ou mercantis tinham como objeto, dentre outros, a compra e venda de mercadorias, a distribuição etc.

Por serem aquelas sociedades – civis e comerciais – tratadas anteriormente por diplomas legais distintos, as primeiras pelo antigo Código Civil (1916) e as segundas pelo Código Comercial (1850) e por leis comerciais (1919 e 1976), eram de fácil diferenciação. Portanto, na lição de Campinho, restava muito clara a distinção, como se verifica pela citação abaixo, não perdendo de vista que seu trabalho referenciava a legislação anterior, ou seja, o Código Civil de 1916, e pela Parte Primeira do Código Comercial (revogada), e leis civis e comerciais em vigor àquela fase em que o Direito se encontrava:

> As sociedades são civis ou mercantis, razão pela qual se impõe fixar a distinção entre elas. São dois os sistemas disponíveis para a diferenciação. O primeiro deles leva em consideração o objeto da sociedade, a natureza de suas operações. Desta feita, se o objeto for regulado por lei civil, civil será a sociedade; disciplinada pela lei comercial, o caráter mercantil é que a qualificará. O segundo deles é o que considera a forma jurídica

---

[189] NEGRÃO, Ricardo. Op. cit. p. 237.

[190] FABRETTI, Láudio Camargo. **Direito de empresa no novo código civil.** 2003. p. 107.

> adotada, como ocorre na hipótese da sociedade anônima, que por força da regra insculpida no §1º, do art. 2º, da Lei 6.404/76, será sempre reputada mercantil, regendo-se, pois, pelas leis e usos do comércio, qualquer que seja o seu objeto.[191]

Agora, com o advento do Código Civil de 2002, que entrou em vigor no ano seguinte, a parte que trata do Direito de Empresa reúne estas duas sociedades, simples e empresária, num mesmo diploma civil, podendo, contudo, gerar certa confusão.

No entanto, se fosse simples de se constatar as diferenças como antes, bastaria se recordar de que as antigas *sociedades* eram classificadas em *civis* e *comerciais*, e passaríamos agora a classificá-las como sociedades *simples* e *empresárias* respectivamente, "admitindo-se equivocadamente e em hipótese" que haveria apenas uma nova denominação dada pelo novo Código Civil, que segundo Fabretti,

> adotou a classificação das sociedades em dois grupos: as sociedades empresárias, que exercem atividade econômica própria de empresário, ou seja, a produção e a comercialização de bens[192], e as sociedades simples, que exercem a atividade econômica de prestação de serviços em geral, inclusive os de profissão intelectual, de natureza científica, literária ou artística.[193]

Contudo, apesar de Fabretti assim asseverar, como se verifica pela citação acima, a questão não é tão simples e tranquila assim, pois a omissão legislativa deixa margens para que haja interpretação de quais objetos sociais tornariam uma sociedade *simples* e quais seriam os que a tornariam *empresária*.

---

[191] CAMPINHO, Sérgio. **Sociedade por quotas de responsabilidade limitada**. 2000. p. 27.

[192] O autor não contemplou a importante expressão "serviços", que complementa a frase em questão.

[193] FABRETTI, Láudio Camargo. Op. cit. pp. 107-108.

Em contrário sensu, há autores que afirmam que somente as sociedades que prestam serviços através de seus próprios profissionais, como as sociedades de médicos, dentistas, advogados, administradores, contadores etc., ou dedicada à atividade rural, sem registro na Junta Comercial, estas seriam as chamadas *sociedades simples*. Mas não são somente essas atividades as que constituem as sociedades simples, pois são todas aquelas atividades típicas de profissional intelectual, "de natureza científica, literária ou artística, ainda com o concurso de auxiliares ou colaboradores, salvo se o exercício da profissão constituir elemento de empresa", na forma do parágrafo único do art. 966, do Código Civil.

A sociedade simples poderia ser considerada, desde que mantidas as devidas proporções, como sucessora próxima da antiga sociedade civil, assim, à *sociedade simples* falta a característica da empresarialidade, que é típica da atividade empresarial, já discutida anteriormente.

Entretanto, cabe destacar, que Fabretti afirma que as *sociedades simples* de maneira geral são consideradas atualmente substitutas das antigas *sociedades civis*, o que não é verdade. Essa divisão e principalmente diferenciação entre as sociedades simples e empresárias ainda não está bem consolidada.

Note-se que em seu *Curso de direito comercial*, atualizado de acordo com o novo Código Civil, Requião ainda cita as antigas denominações de *sociedade comercial* e *sociedade civil*, quando define sociedade, asseverando que:

> Nessa ordem de pensamento destinaríamos a palavra *sociedade* para designar a entidade constituída por várias pessoas, com objetivos econômicos. Em virtude da diversificação do direito privado (dicotomia), em direito civil e direito comercial, seriam as sociedades de uma ou outra natureza, conforme seu objeto: *sociedade comercial* para a prática constante de atos de comércio, *sociedade*

civil, para a prática de atos civis com fins econômicos (p. ex.: uma sociedade imobiliária).[194]

Na visão de Fábio Coelho,

> Por critério de identificação da sociedade empresária elegeu, pois, o direito o modo de exploração do objeto social. Esse critério material, que dá relevo à maneira de se desenvolver a atividade efetivamente exercida pela sociedade, na definição de sua natureza empresarial, é apenas excepcionado em relação às sociedades por ações. Estas serão sempre empresárias, ainda que o seu objeto não seja empresarialmente explorado (CC/2002, art. 982[195], parágrafo único; LSA, art. 2º, § 1º [196]) De outro lado as cooperativas nunca serão empresárias, mas necessariamente sociedades simples, independentemente de qualquer outra característica que as cerque (CC/2002, art. 982, parágrafo único).[197]

Nesse sentido, afirma Negrão que "é a sociedade simples, ao mesmo tempo, uma sociedade-padrão para as sociedades empresárias", pois aplicam-se às sociedades empresárias as disposições estabelecidas pelo Código Civil quanto às sociedades simples, "como também uma espécie distinta quanto ao objeto".[198]

> Convém enfatizar que a sociedade simples sempre possui objeto social distinto da atividade própria de

---

[194] REQUIÃO, Rubens. **Curso de direito comercial**. 2003. v. 1. p. 357.

[195] **Art. 982**. Salvo as exceções expressas, considera-se empresária a sociedade que tem por objeto o exercício de atividade própria de empresário sujeito a registro (art. 967); e, simples, as demais.
Parágrafo único. Independentemente de seu objeto, considera-se empresária a sociedade por ações; e, simples, a cooperativa.

[196] BRASIL. Lei n. 6.404, de 15 de dezembro de 1976. **Art. 2º** Pode ser objeto da companhia qualquer empresa de fim lucrativo, não contrário à lei, à ordem pública e aos bons costumes. § **1º** Qualquer que seja o objeto, a companhia é mercantil e se rege pelas leis e usos do comércio.

[197] COELHO, Fábio Ulhoa. **Manual de direito comercial**. 2003. p. 111.

[198] NEGRÃO, Ricardo. Op. cit. p. 303.

empresário, que, por sua vez, consiste no exercício de atividade econômica organizada para a produção ou circulação de bens ou serviços. O objeto da sociedade simples poderá incluir, por exemplo, a prestação de serviços intelectuais, artísticos, científicos ou literários.[199]

Assim, a *sociedade empresária* deverá estar revestida dos mesmos requisitos inerentes e necessários para a caracterização do empresário, como determina o art. 966 do Código Civil, conquanto a *sociedade simples*, opostamente, do disposto em seu parágrafo único:

> **Art. 966**. Considera-se empresário quem exerce profissionalmente atividade econômica organizada para a produção ou a circulação de bens ou de serviços.
>
> **Parágrafo único**. Não se considera empresário quem exerce profissão intelectual, de natureza científica, literária ou artística, ainda com o concurso de auxiliares ou colaboradores, salvo se o exercício da profissão constituir elemento de empresa.

Quanto à personalidade jurídica das sociedades, essa deve ser considerada distinta das personalidades de seus integrantes. Nesse sentido, o Código trata das sociedades não-personificadas, que são aquelas desprovidas de personalidade jurídica própria, que se adquire através do respectivo registro de seus atos constitutivos; e das personificadas, que possuem personalidade jurídica totalmente distinta das de seus integrantes.

As sociedades não-personificadas se dividem em Sociedade em Comum e Sociedade em Conta de Participação. Já as sociedades personificadas se dividem em: Sociedade Simples, Sociedade em Nome Coletivo, Sociedade em Comandita Simples, Sociedade Limitada, Sociedade Anônima,

---

[199] NEGRÃO, Ricardo. **Manual de direito comercial e de empresa**. 2003. v. 1. p. 303.

Sociedade em Comandita por Ações e Sociedade Cooperativa. Em relação às Sociedades Coligadas, estas poderão eventualmente formar nova sociedade.

Quanto à classificação das sociedades, a doutrina comercialista costuma utilizar diferentes critérios de classificação para as sociedades empresárias, que aqui não se pretende esmiuçar demasiadamente essas classificações, posto que não é o objetivo do presente capítulo, senão a *teoria geral da empresa*.

Uma classificação que é comum a muitos doutrinadores é quanto à responsabilidade dos sócios; o que se apresenta resumidamente, para explanar o assunto.

Responsabilidade limitada dos sócios, em que eles respondem até o limite do capital social pelas dívidas contraídas pela sociedade – como exemplo a sociedade limitada e a sociedade anônima.

Responsabilidade ilimitada dos sócios, em que cada um deles respondem de forma solidária e ilimitada, com a totalidade de seus patrimônios, pelas dívidas contraídas pela sociedade – como exemplo as sociedades em nome coletivo e todas as sociedades irregulares que o Código Civil denomina de *sociedades em comum*.

No tocante à responsabilidade do empresário, quando este se constitui como "empresário individual" (pessoa física equiparada à pessoa jurídica), sua responsabilidade é "ilimitada". Para resolver essa situação de modo que o empresário não precise se socorrer a uma outra pessoa com percentuais ínfimos das cotas (capital) apenas para se constituir em sociedade, com o único fim de tornar sua responsabilidade limitada ao se constituir como pessoa jurídica, a nova Lei n° 12.441, de 11 de julho de 2011, criou a "Empresa Individual de Responsabilidade Limitada (EIRELI)", incluindo-a no Código Civil, no Título II – Das Pessoas Jurídicas, Art. 44 (pessoas jurídicas de direito privado), no novo inciso VI.

Já a responsabilidade mista dos sócios se faz presente nas sociedades por cotas de responsabilidade mista, existindo duas espécies de sócios, uns que respondem ilimitadamente, e outros que, ou não têm qualquer responsabilidade de ordem pecuniária ou respondem limitadamente pelas obrigações sociais.[200]

Embora o que particularmente interessa ao presente tópico é a distinção das sociedades simples e empresárias, a matéria ficaria incompleta se não se tratasse de suas denominações, ou seja, do nome que as designam ou de sua identificação, isto é, o que a lei lhes impõe adotar ou não, quando da formação de seu nome empresarial, mesmo porque, dentre outras consequências práticas, além de poder identificar especificamente um tipo de sociedade, ainda alcança a esfera da responsabilidade dos sócios.

Destarte, passa-se à uma breve análise do nome empresarial, ainda que este elemento identificador da empresa possa ser melhor estudado em tópico próprio.

O nome empresarial, antes denominado como "nome comercial" pela legislação revogada, segundo Requião é composto por três espécies:

- a firma empresarial ou individual que é a própria assinatura do empresário, tendo por base seu nome civil, seguido ou não do ramo de atividade, é inerente somente ao empresário que exerce individualmente sua atividade;

- a firma social ou "razão social"[201], essa categoria tem por base o nome dos sócios que integram determinada sociedade;

---

[200] NEGRÃO, Ricardo. **Manual de direito comercial e de empresa**. 2003. v. 1. p. 253.

[201] A expressão "razão social" embora utilizada largamente por órgãos governamentais e pelo mercado, não foi acolhida pela legislação em vigor, não existindo mais no texto legal, tal qual "nome comercial", que foi superado legislativamente pela nova nomenclatura "nome empresarial".

- a denominação que tem base o nome fantasia, é adotada pela sociedade empresária.[202]

O nome ou nomes que constarem da firma social presumem-se responsáveis pelos atos da pessoa jurídica conforme dispõe o artigo 1.157 do Código Civil:

> Art. 1.157. A sociedade em que houver sócios de responsabilidade ilimitada operará sob firma, na qual somente os nomes daqueles poderão figurar, bastando para formá-la aditar ao nome de um deles a expressão "e companhia" ou sua abreviatura.

> Parágrafo único. Ficam solidária e ilimitadamente responsáveis pelas obrigações contraídas sob a firma social aqueles que, por seus nomes, figurarem na firma da sociedade de que trata este artigo.

O Código Civil assim dispõe acerca da inscrição e proteção ao nome empresarial:

> Art. 1.166. A inscrição do empresário, ou dos atos constitutivos das pessoas jurídicas, ou as respectivas averbações, no registro próprio, asseguram o uso exclusivo do nome nos limites do respectivo Estado.

> Parágrafo único. O uso previsto neste artigo estender-se-á a todo o território nacional, se registrado na forma da lei especial.

O novo Código Civil traz algumas disposições acerca do uso das firmas por parte das sociedades, porém é objeto que merece ser estudado com mais profundidade oportunamente.

Conclui-se, portanto, que as sociedades simples se distinguem das empresárias pela atividade econômica empreendida, e não por ser simplesmente prestação de serviços, comércio ou indústria, mas na forma do art. 966 do Código Civil, ou seja, atividades empresárias são aquelas cujo objeto se revestirem dos mesmos requisitos prescritos no *caput* do artigo, atinentes à atividades consideradas tipicamente

---

[202] REQUIÃO, Rubens. **Curso de direito comercial**. 2003. v.1. p. 226.

empresariais, conquanto as sociedades simples, na forma do parágrafo único, tem suas atividades descritas como aquelas exercidas por "profissão intelectual, de natureza científica, literária ou artística, ainda com o concurso de auxiliares ou colaboradores, salvo se o exercício da profissão constituir elemento de empresa", na forma do parágrafo único.

6- O Estabelecimento Empresarial

Sylvio Marcondes, ao analisar o Projeto do Código Civil 25 anos antes de sua aprovação como lei, tendo em vista que inclui um título destinado ao *estabelecimento* como matéria nova no tratamento legal, apresenta o seguinte tópico da exposição de motivos referente ao assunto:

> A doutrina brasileira, consagrada no Anteprojeto de Código do Trabalho, elaborado no plano de reforma dos códigos nacionais, considera a empresa como unidade organizada que serve de um ou vários estabelecimentos, vinculados entre si pelo mesmo empresário, pessoa física ou jurídica; e o estabelecimento, como unidade organizada, na qual o empresário reúne os meios para a consecução contínua de um objetivo técnico. [203]

Considerando os ativos do estabelecimento, sua regulamentação poderia ser incluída no projeto do Código Civil, na seção "Das Coisas", mas também poderia ser enquadrada na parte "Das Obrigações", devido aos direitos e obrigações relacionados ao empresário. No entanto, devido à natureza unificada de sua estrutura, que é a base para a condução dos negócios do empresário, faz mais sentido incluí-lo nos contextos da "Atividade Negocial", considerando o

---

[203] MARCONDES, Sylvio. **Questões de direito mercantil**. 1977. p. 23.

foco do Projeto de Lei no conceito de empresário e sociedade empresarial.[204]

A definição de estabelecimento empresarial encontra-se no art. 1.142 do Código Civil brasileiro de 2002, que considera estabelecimento como "todo complexo de bens organizado, para exercício da empresa, por empresário, ou por sociedade empresária".

Juntamente com o empresário, sujeito de direito, e com a empresa, atividade organizada, tem-se o *estabelecimento* empresarial, que representa o objeto de direito, segundo o conceito da empresarialidade de Bulgarelli, formando assim o tripé de sustentação da teoria da empresa.[205]

Antes do conceito legal de *estabelecimento* dado pelo Código Civil, a antiga denominação "estabelecimento comercial" também era denominada de fundo de comércio.

À égide do Código Comercial (parte hoje revogada), Fran Martins preferia utilizar a expressão *fundo de comércio* para identificar o estabelecimento comercial, posto que essa expressão poderia dar margem à confusão com casa comercial – prédio, por exemplo –; assim, o autor ensina que o fundo de comércio é o conjunto de elementos empregados pelos comerciantes para exercerem com sucesso as suas atividades sempre visando atrair a freguesia.[206] No entanto, o *estabelecimento*, nas palavras de Requião, "é o instrumento da atividade do empresário".[207]

Já na concepção de Azeredo Santos, cujas denominações já se encontram superadas, podendo-se atualizá-las sem

---

[204] Ibid. p. 23.

[205] BULGARELLI, Waldirio. **Tratado de direito empresarial**. 2000. pp. 92-99. Cf. BULGARELLI, Waldírio. **Sociedades comerciais**: Sociedades civis e sociedades cooperativas, Empresa e Estabelecimento Comercial. 2000. pp. 319-337.

[206] MARTINS, Fran. **Curso de direito comercial**. 1979. p. 487.

[207] REQUIÃO, Rubens. **Curso de direito comercial**. 2003. v.1. p. 270.

prejuízo de sua douta obra, estabelecimento (comercial) é "o complexo das várias forças econômicas e dos meios de trabalho que o comerciante dirige para o exercício do comércio, impondo-lhe uma unidade formal, em relação com a unidade do fim", como ensinava Umberto Navarini em seu *Trattato teorico-pratico di diritto commerciale*, seguido por Alfredo Rocco, em seus *Princípios de Direito Comercial*. Complementando sua exposição, Azeredo Santos frisa que "o *complexo de coisas* (bens e serviços) reunidas e organizadas para o exercício do comércio", é o cerne do estabelecimento, "resultando da união de diversos fatores, num *bem complexo* ou uma *universitas* destinados à conquistar a clientela e, assim, realizar o lucro visado pelo empresário".[208]

Oscar Barreto Filho assevera que:

> O exercício da atividade econômica organizada pelo empresário pressupõe, necessariamente, uma base econômica, ou seja, um complexo de bens que constituem o instrumento e, de certo modo, o objeto de seu trabalho. Esse complexo de bens destinados pelo empresário ao exercício da empresa é a fazenda[209] ou estabelecimento.[210]

O autor define estabelecimento "como um complexo de bens, materiais e imateriais, organizados pela vontade do sujeito para a consecução de uma finalidade produtiva".[211]

Ao longo da evolução doutrinária acerca do estabelecimento, diferentes teorias foram suscitadas e, sobre elas, Ricardo Negrão apresenta um breve resumo, que se

---

[208] SANTOS, Theophilo Azeredo. **Manual de direito comercial**. 1972. p. 73.

[209] Oscar Barreto Filho ensina que fazenda é o vernáculo que mais satisfaz à tradução de *azienda*, utilizada pelos juristas italianos, assim como *hacienda*, utilizada pelos juristas espanhóis, que possui o significado genérico de conjunto de bens; nesse sentido "fazenda pública".

[210] BARRETO FILHO, Oscar. **Teoria do estabelecimento comercial**. 1969. p. 115.

[211] Ibid. p. 133.

transcreve a seguir:

> a) grupo das teorias imaterialistas, que concebem o estabelecimento como bem imaterial (Pisko, Isay, Hubmann, e Muller-Erzbach);
>
> b) grupo das teorias atomistas, que negam a possibilidade de configuração unitária do estabelecimento (Scialoja, Barassi e Barbero);
>
> c) grupo das teorias patrimonialistas, que identificam o estabelecimento como patrimônio comercial, caracterizado como *universitas jurium* (Fadda e Bensa);
>
> d) grupo de teorias que divisam no estabelecimento um complexo de bens unificados por uma destinação comum, configurando uma *universitas rerum* (Carnelutti, Rotondi e Vivante).[212]

Nota-se que uma constante e passiva afirmação entre os doutrinadores é que o estabelecimento empresarial constitui bem móvel; assim, resta a questão de como fica o bem imóvel, ocupado pela "empresa", frente a esse bem móvel.

Deste modo, é de suma importância ressaltar que o estabelecimento não pode ser confundido com o bem imóvel ocupado pelo empresário ou pela sociedade empresária, aquele é apenas um dos bens que integram este.

Nesse sentido, lembrando que Requião considera estabelecimento sinônimo de fundo de comércio, disserta que:

> É preciso, e é de bom aviso aqui frisar, que não se deve confundir *fundo de comércio* com *patrimônio*. O fundo de comércio não constitui todo o patrimônio, é parte ou parcela do patrimônio do empresário. A empresa, que é o exercício da atividade organizada pelo empresário, conta com vários outros elementos patrimoniais, por este organizados, para a produção ou troca de bens ou

---

212 NEGRÃO, Ricardo. **Manual de direito comercial e de empresa**. 2003. v. 1. p. 67.

serviços que não integram o estabelecimento comercial.[213]

Negrão também fornece preciosa instrução:

> O novo Código Civil, evitando o uso da palavra patrimônio e preferindo a expressão "complexo de relações jurídicas", distingue os conjuntos de bens de uma pessoa em duas categorias: as universalidades de direito e as de fato, definindo a primeira como "complexo de relações jurídicas, de uma pessoa, dotadas de valor econômico", e a segunda como "a pluralidade de bens singulares que, pertinentes à mesma pessoa, tenham destinação unitária". [214]

Rubens Requião conclui que "o imóvel pode ser elemento da empresa, não o é do fundo do comércio", ficando, "assim, esclarecida a questão".[215]

Túllio Ascarelli considera o estabelecimento como um conjunto de bens e que, "esse conjunto, por seu turno, não constitui um novo bem, objeto de Direitos Reais distintos dos que respeitam aos bens que o compõem"[216].

Quanto à universalidade, representada pelo estabelecimento, Carvalho de Mendonça, assevera que:

> O estabelecimento comercial é simples universalidade de fato. Esse conjunto de coisas, criado, constituído e dirigido pela vontade do homem, apresenta o caráter próprio, distinto dos seus elementos componentes, ainda que estes não se constituam de coisas materiais, podendo, como tal, ser objeto de atos jurídicos.[217]

Não se pode esquecer que as lições de Carvalho de

---

[213] REQUIÃO, Rubens. **Curso de direito comercial**. 2003. v. 1. p. 283.

[214] NEGRÃO, Ricardo. Op. cit. p. 61.

[215] REQUIÃO, Rubens. Op. cit. p. 283.

[216] ASCARELLI, Tullio. **Panorama do direito comercial**. 1947. p. 209.

[217] CARVALHO DE MENDONÇA, José Xavier. **Tratado de direito comercial brasileiro**. 1963. v. 5. parte 1. p. 14.

Mendonça foram proferidas em torno de 70 anos antes do advento do novo Código Civil.

Assim, a importante concepção de Dylson Doria é lembrada por Negrão:

> Universalidade de direito depende de lei que a reconheça, e se alguma há que atribua ao estabelecimento essa qualidade, claro que não sobraria à doutrina nacional outra alternativa que não fosse a de conceituá-la como uma universalidade de fato. Esta é, pois, a sua natureza jurídica em face de nosso Direito.[218]

Entende-se por universalidade de fato, segundo Fran Martins: um conjunto de coisas distintas, com individualidade própria, que se transformam num todo pela vontade do comerciante.[219]

Outra divergência que se nota entre os doutrinadores quanto ao conceito de estabelecimento se refere aos bens ou bem que ele incorpora, tal como disserta Mamede:

> Nota-se que o conceito de estabelecimento dá margem a uma dicotomia em seu emprego, uma vez que é possível utilizá-lo para referir-se à totalidade da estrutura física, conceitual e humana da empresa, a incluir unidades autônomas (filiais, sucursais e agências), da mesma forma como é possível usá-lo para aludir a uma unidade em especial, destacada da totalidade da empresa e de seu respectivo estabelecimento. Coerentemente, é possível estabelecer negócios que considerem o estabelecimento nos dois níveis: em sua totalidade ou por uma de suas partes autônomas, sempre tomando por referência a identificação escritural.[220]

---

[218] NEGRÃO, Ricardo. **Manual de direito comercial e de empresa**. 2003. v. 1. p. 71.

[219] MARTINS, Fran. **Curso de direito comercial**. 1979. p. 490.

[220] MAMEDE, Gladston. **Direito empresarial brasileiro**. 2004. v. 1. p. 182.

O que de fato interessa na discussão acerca do patrimônio e do estabelecimento é saber: até que ponto o patrimônio individual do empresário ou do sócio da sociedade empresária pode ser afetado pelas obrigações por ele assumidas?

Quanto ao enquadramento do estabelecimento em uma das categorias jurídicas, Barreto Filho ensina que não se pode confundir a empresa com o estabelecimento, posto que "o estabelecimento é organização de bens, a enquadrar-se na categoria dos objetos de direito".[221]

Os bens que compõem o estabelecimento podem ser de categoria corpórea e incorpórea, assim Waldemar Ferreira, afirma que a natureza do estabelecimento − se mercantil ou industrial − é quem vai determinar a predominância de um sobre o outro, porém o autor ensina que existem elementos que são comuns às duas categorias, como segue:

Por elementos incorpóreos, têm-se:

a) a *propriedade comercial*: o ponto de negócio ou o direito ao renovamento judicial do contrato de arrendamento do prédio ou local;

b) a *propriedade industrial*: o nome comercial, compreendendo a firma e a denominação, aquela individual ou social e esta social; o título e a insígnia do estabelecimento; a expressão ou sinal de propaganda; as marcas de indústria e de comércio; as recompensas industriais, a invenção e o seu privilégio; os modelos de utilidade, os desenhos e os modelos industriais;

c) a *propriedade literária ou artística*: os Direitos Autorais e de resguardo do nome ou pseudônimo contra os seus usurpadores;

---

[221] BARRETO FILHO, Oscar. **Teoria do estabelecimento comercial**. 1969. p. 121.

> d) a *propriedade imaterial*: o aviamento; a freguesia e sua defesa contra a concorrência desleal.[222]

Dentre os elementos incorpóreos, no que tange à propriedade imaterial, pode-se destacar também a tecnologia e/ou *know-how*, empregados pelo empresário para o desenvolvimento de sua atividade empresarial e ainda os contratos e os créditos.

Como elementos corpóreos, assim classifica Waldemar Ferreira:

> a) a *propriedade imobiliária*: os terrenos, construções, edifícios, fábricas, armazéns, depósitos, com tudo neles intencionalmente empregado em sua exploração industrial, aformoseamento ou comodidade, irretiráveis sem fratura ou dano;
>
> b) a *propriedade mobiliária*: as instalações materiais; o mobiliário; os utensílios; os veículos; as máquinas; maquinismos; acessórios e pertences; a matéria-prima; os produtos manufaturados ou semimanufaturados; as mercadorias ou fazendas em geral; os títulos ou efeitos de comércio, etc.[223]

Gladston Mamede assevera que a melhor forma de identificar a unidade jurídica do estabelecimento empresarial é por meio de escrituração, na qual é realizada a especialização patrimonial do estabelecimento (corpórea ou incorpórea), através da contabilidade empresarial:

> Nesse universo de direitos e deveres que é o patrimônio da pessoa jurídica, a contabilidade empresarial garante a unidade e especialização do patrimônio para a empresa. Assim, é possível destacar – de fato e de direito – o estabelecimento do restante do patrimônio, para os fins do artigo 1.143 do Código Civil, embora esse *destaque* não caracterize uma separação estanque, no molde da

---

[222] FERREIRA, Waldemar. **Tratado de direito comercial**. 1962. v. 6. p. 100.

[223] Ibid. p. 100.

limitação de responsabilidade entre sócios ou acionistas e a sociedade, como se vê nas sociedades anônimas, sociedades limitadas e, para alguns, nas sociedades em comandita, simples ou por ações.[224]

Há ainda um novo tipo de estabelecimento ainda não previsto pela legislação pátria, o que não poderíamos deixar de citar, já conhecido como estabelecimento empresarial eletrônico ou virtual, o que comprova, uma vez mais, a constante evolução e a dinâmica do Direito Comercial.

Ao se concluir o presente tópico, resta lembrar que o estabelecimento empresarial foi abarcado pelos arts. 1.142 a 1.149 do Código Civil, afastando a questão doutrinária devido à previsão legal que a suplanta. Assim, pode-se dizer que estabelecimento empresarial é "todo complexo de bens organizado, para exercício da empresa, por empresário, ou por sociedade empresária", na forma do art. 1.142 do Código Civil.

7- Função Social da Empresa

Nas palavras de Comparato, a empresa é "uma instituição social que, pela sua influência, dinamismo e poder de transformação", serve, portanto, de "elemento explicativo e definidor da civilização contemporânea", pois "é dela que depende, diretamente, a subsistência da maior parte da população ativa deste país, pela organização do trabalho assalariado". Afirma, ainda, que "é das empresas que provém a grande maioria dos bens e serviços consumidos pelo povo, e é delas que o Estado retira a parcela maior de suas receitas fiscais".[225]

Nota-se pelas assertivas do autor, que a importância social da empresa se dá, entre outros, por esses notórios efeitos

---

[224] MAMEDE, Gladston. **Direito empresarial brasileiro**. 2004. v. 1. p. 181.

[225] COMPARATO, Fábio Konder. **Direito empresarial**. 1995. p. 3.

sociais e econômicos.

A Constituição Federal de 1988, prevê os Princípios Gerais da Atividade Econômica, da qual se destaca seu artigo 170:

> Art. 170. A ordem econômica, fundada na valorização do trabalho humano e na livre iniciativa, tem por fim assegurar a todos existência digna, conforme os ditames da justiça social, observados os seguintes princípios:
>
> I - soberania nacional;
>
> II - propriedade privada;
>
> III - função social da propriedade;
>
> IV - livre concorrência;
>
> V - defesa do consumidor;
>
> VI - defesa do meio ambiente, inclusive mediante tratamento diferenciado conforme o impacto ambiental dos produtos e serviços e de seus processos de elaboração e prestação;
>
> VII - redução das desigualdades regionais e sociais;
>
> VIII - busca do pleno emprego;
>
> IX - tratamento favorecido para as empresas de pequeno porte constituídas sob as leis brasileiras e que tenham sua sede e administração no País.
>
> Parágrafo único. É assegurado a todos o livre exercício de qualquer atividade econômica, independentemente de autorização de órgãos públicos, salvo nos casos previstos em lei.[226]

Estendida à empresa, a ideia de função social da empresa é uma das noções de, talvez, mais relevante influência prática na transformação do Direito Empresarial brasileiro.[227]

---

[226] BRASIL. **Constituição Federal** de 1988.

[227] SALOMÃO FILHO, Calixto. **Função social do contrato**: Primeiras anotações. 2004. p. 68.

A expressão "conforme os ditames da justiça social", é fator vinculante das atividades econômicas, a um determinado fim social, como nos ensina Isabel Vaz.[228]

Desta forma, "os ditames da justiça social devem ser entendidos, pois, como normas da ação política, as quais, transpostas para o contexto da Ordem Econômica, Financeira e Social, assumem o papel de ideias norteadoras das medidas de política econômica".[229]

Para atingirmos o estudo do fenômeno da função social em seu aspecto empresarial, é necessário, primeiramente, sabermos em que consiste tal expressão, e para tal, cita-se os ensinamentos de Rodota:

> Esclarece o citado professor que o termo função contrapõe-se a estrutura e que serve para definir a maneira concreta de operar de um instituto ou de um direito de características morfológicas particulares e notórias. A partir do momento em que o ordenamento jurídico reconheceu que o exercício dos poderes do proprietário não deveria ser protegido tão-somente para satisfação do seu interesse, a função da propriedade tornou-se social.[230]

No novo esquema, a função se manifestou sobre três diferentes aspectos:

1 -) a privação de determinadas faculdades;

2 -) a criação de um complexo de condição para que o proprietário possa exercer seus poderes;

3 -) a obrigação de exercer certos direitos elementares do domínio.

Isabel Vaz assevera que "é no plano da empresa, como admitem os mais conceituados *juseconomistas*, que pode e deve

---

[228] VAZ, Isabel. **Direito econômico das propriedades**. 1993. p. 493.

[229] Ibid. p. 497.

[230] RODOTÁ. apud GOMES, Orlando. **Direitos reais**. 2002. p. 106.

a função social realizar-se em sua plenitude".[231]

A autora estabelece o "comprometimento de todos os tipos de propriedade e de atividades econômicas, sejam quais forem os seus titulares ou os agentes que as dinamizem, com a relação dos fins da ordem econômica, financeira e social".[232]

A função social da empresa, segundo Comparato, deixa de ser um poder-dever do proprietário, passando tal encargo para seu controlador, a partir do momento em que os bens de produção (bens móveis e imóveis destinados à criação de valor) acham-se incorporados a uma exploração empresarial.[233]

Nesse sentido, Comparato conclui que:

> Os deveres sociais do controlador de empresas, estabelecido em tese em algumas normas do Direito positivo, somente poderão ser desempenhados com clareza e cobrados com efetividade quando os objetivos sociais a serem atingidos forem impostos no quadro de uma planificação vinculante para o Estado e diretiva da atividade econômica privada.[234]

Desta forma, também na doutrina espanhola se discute a questão da função social da empresa, bem como na legislação, como um fenômeno social que está se internacionalizando, como se vê na Constituição italiana.

A *Costituzione italiana* procurou harmonizar os interesses privados ou pessoais com o interesse público. Em seu art. 41, ao declarar no primeiro parágrafo que "a iniciativa econômica é livre"; no segundo prescreve que aquela "não pode desenvolver-se em desacordo com a utilidade social ou de forma que prejudique a segurança, a liberdade, a dignidade humana"; já no terceiro parágrafo, dispõe que "a lei determina os programas e os controles oportunos para que a atividade

---

[231] VAZ, Isabel. Op. cit. p. 491.

[232] Ibid. p. 496.

[233] COMPARATO, Fábio Konder. **Direito empresarial**. 1995. p. 35.

[234] Ibid. p. 37.

econômica pública e privada poça ser dirigida e coordenada com os fins sociais".[235] [236]

Deste último parágrafo se abstrai que a Constituição italiana adotou implicitamente uma posição em relação à iniciativa econômica e a função social.[237]

Para Galgano,

> *El cuadro que resulta es bastante mistificado: decir que la iniciativa economica privada "es legítima en cuanto socialmente útil" equivale a decir que es legítima porque es socialmente útil. En un sistema que reconoce como lícita la búsqueda privada del beneficio (significado que ciertamente no puede ser negado al reconocimiento constitucional de la libertad de "iniciativa económica privada"), efectuar valoraciones de este tipo equivale a formular una justificación "social" del beneficio privado, a concebirlo como remuneración del "servicio social" prestado por el empresario.*[238]

Assim, na visão de Galgano, *"la empresa privada, por tanto, unicamente podrá afirmarse que está 'funcionalizada' para a utilidad social si existen y sólo en la medida en que existan leyes específicas que la*

---

[235] GALGANO, Francesco. *La Función Social de la Empresa Privada*. In: **Las instituciones de la economía capitalista**. 1990. p. 187.

[236] Texto original do Art. 41 da *Costituzione Italiana*:
L'iniziativa economica privata è libera.

Non può svolgersi in contrasto con l'utilità sociale o in modo da recare danno alla salute, all'ambiente, alla sicurezza, alla libertà, alla dignità umana.

La legge determina i programmi e i controlli opportuni perché l'attività economica pubblica e privata possa essere indirizzata e coordinata a fini sociali e ambientali.

[237] GALGANO, Francesco. Op. cit. pp. 187-188.

[238] GALGANO, Francesco. Op. cit. pp. 190-191. **Tradução livre**: "O quadro que resulta é bastante mistificado: dizer que a iniciativa econômica privada "é legítima enquanto socialmente útil" equivale a dizer que é legítima porque é socialmente útil. Em um sistema que reconhece como lícita a busca privada do benefício (significado que certamente não pode ser negado ao reconhecimento constitucional da liberdade de "iniciativa econômica privada"), efetuar valorações deste tipo equivale a formular uma justificação "social" do benefício privado, a concebê-lo como remuneração do "serviço social" prestado pelo empresário."

funcionalicen".[239]

A função social da empresa é um conceito de grande relevância na contemporaneidade, como salientado por Comparato. Além dele, outros autores brasileiros como Eros Grau, Fábio Ulhoa Coelho, José Eduardo Faria, Arnoldo Wald e Maria Helena Diniz; os italianos Stefano Rodotà e Fulco Lanchester; os espanhóis Carlos Lema Devesa e José Luis Monereo Pérez; bem como os franceses Michel Villey e Béatrice Fraenkel; dentre outros autores, representam algumas das importantes vozes em seus países, que promoveram a compreensão e a adoção da função social da empresa como um conceito fundamental no contexto jurídico e empresarial.

Isso encontra respaldo na Constituição Federal de 1988, que estabelece princípios econômicos fundamentais, enfatizando a valorização do trabalho humano e a livre iniciativa, visando assegurar uma existência digna e a justiça social. A noção de que a empresa deve ser socialmente útil está alinhada com a ideia de que a iniciativa econômica privada é legítima e desempenha um papel vital na promoção do bem-estar coletivo.

O incentivo à livre concorrência e a valorização das empresas como agentes econômicos são princípios fundamentais, portanto, a função social da empresa é um conceito reconhecido que busca harmonizar a atividade empresarial com o bem comum e a justiça social, reconhecendo a importância da iniciativa privada e da livre concorrência.

---

[239] GALGANO, Francesco. Op. cit. 1990. p. 193. **Tradução livre**: "a empresa privada, portanto, unicamente poderá se afirmar que está "funcionalizada" para a função social se existir e somente na medida em que existam leis específicas que a funcionalizem."

Capítulo III

O EMPRESÁRIO

Deve-se entender que antes da formalização do arquivamento dos Atos Constitutivos da Sociedade Empresária, da Empresa Individual de Responsabilidade Limitada (EIRELI)[240] ou da Declaração de Empresário Individual na Junta Comercial do respectivo Estado, não é correto se referir ao empreendedor enquanto empresário, visto que este somente o será de direito a partir de seu devido e obrigatório registro legal. Antes disso, e até o registro, para o Direito será um "empresário de fato ou irregular" (figura inexistente no ordenamento jurídico, embora responda perante terceiros), ao passo que para a Administração, permanece considerado tão somente um empreendedor.[241]

---

[240] A EIRELI é uma novidade no ordenamento jurídico brasileiro. Foi introduzida pela Lei nº 12.441, de 11 de julho de 2011, que alterou o Art. 44 do Código Civil, que trata das pessoas jurídicas de direito privado, introduzindo o inciso "VI - as empresas individuais de responsabilidade limitada".

[241] Embora os sócios das Sociedades Simples não sejam empresários, a obrigatoriedade do registro ou arquivamento dos Atos Constitutivos é a mesma exigida ao empresário, antes do início das atividades. Algumas dessas sociedades podem ser levadas a registro nas Juntas Comerciais, ao passo que a maioria delas devem ser registradas nos Cartórios de Registros de Pessoas Jurídicas. Já as sociedades de advogados, o registro se dá na Ordem dos Advogados do Brasil (OAB) do respectivo Estado.

Outro ponto de igual importância para o presente tópico é compreender que o Microempreendedor Individual (MEI), criado pela Lei Complementar nº 128, de 19 de dezembro de 2008, não é pessoa jurídica, apesar de estar registrado no CNPJ da Receita Federal, mas tal qual o empresário individual, é pessoa física equiparada à pessoa jurídica. Por esta razão, o MEI não pode ser considerado empresário, na forma da lei, mas como sua própria denominação revela é empreendedor que atua formalmente no mercado.

Assim, de acordo com a legislação vigente, a inscrição do empresário é obrigatória, como prescreve o art. 967 do Código Civil: "É obrigatória a inscrição do empresário no Registro Público das Empresas Mercantis da respectiva sede, antes do início de sua atividade".

E antes de buscar conceituar "empresário", porém, útil e necessário uma definição de "empreendedor", que para Mirian Palmeira:

> Empreendedor é uma pessoa que cria novo negócio em face a risco e incerteza, com o propósito de conseguir lucro e crescimento, mediante identificação de oportunidades de mercado e agrupamento dos recursos necessários para capitalizar sobre estas oportuni-dades.[242]

A partir desta definição e melhor entender a figura do empreendedor, passa-se a tratar do empresário.

1- O Moderno Conceito de Empresário

Sylvio Marcondes preconizou que "a definição do empresário, dada em relação ao empresário pessoa física, é fundamental no sistema, porque é o conceito básico, para

---

[242] PALMEIRA, Mirian. Empreendedorismo e plano de negócio. In: BULGACOV, Sergio. Org. **Manual de gestão empresarial**. 1999. p. 50.

depois, distinguir as sociedades, em sociedades empresárias e sociedades não empresárias"[243] (sociedades simples).

Para o autor, são três os elementos que formam a noção de empresário: a atividade econômica, a atividade organizada e a atividade profissional.

Por se tratar de atividade que gera produção de riquezas (bens ou serviços), trata-se de atividade econômica, porquanto aquele que exerce de forma profissional qualquer atividade que não seja econômica ou não gere riquezas, não pode ser considerado empresário, segundo Marcondes, com base no Projeto do Código Civil, que se manteve no parágrafo único do art. 966.

Em segundo plano, prossegue o autor, "esta atividade deve ser organizada, isto é, atividade em que se coordenam e se organizam os fatores da produção: trabalho, natureza, capital". Assim, "é a conjugação desses fatores, para produção de bens ou de serviços, que constitui a atividade organizada".[244] Por último, o terceiro elemento é a atividade profissional, conforme a primeira parte do Art. 966 do Código Civil, ou seja, a prática da atividade de forma habitual e sistêmica, e que, por ser profissional, ainda que não venha a alcançar o lucro, "é exercida em nome próprio e com ânimo de lucro. Essas duas ideias estão implícitas na profissionalidade do empresário".[245]

O Código Civil de 2002, assim estabelece:

> **Art. 966**. Considera-se empresário quem exerce profissionalmente atividade econômica organizada para a produção ou a circulação de bens ou de serviços.
>
> **Parágrafo único**. Não se considera empresário quem exerce profissão intelectual, de natureza científica, literária ou artística, ainda com o concurso de auxiliares

---

243 MARCONDES, Sylvio. **Questões de direito mercantil**. 1977. p. 10.

244 Ibid. pp. 10-11.

245 Ibid. p. 11.

ou colaboradores, salvo se o exercício da profissão constituir elemento de empresa.[246]

O novo código, ao definir o empresário, utiliza a expressão "profissionalmente", e como ensina Fábio Ulhoa:

> A noção de exercício profissional de certa atividade é associada, na doutrina, a considerações de três ordens. A primeira diz respeito à habitualidade. Não se considera profissional quem realiza tarefas de modo esporádico. Não será empresário, por conseguinte, aquele que organizar episodicamente a produção de certa mercadoria, mesmo destinando-a à venda no mercado. Se está apenas fazendo um teste, com o objetivo de verificar se tem apreço ou desapreço pela vida empresarial ou para socorrer situação emergencial em suas finanças, e não se torna habitual o exercício da atividade, então ele não é empresário. O segundo aspecto do profissionalismo é a pessoalidade. O empresário, no exercício da atividade empresarial, deve contratar empregados. São estes que, materialmente falando, produzem ou fazem circular bens ou serviços. O requisito da pessoalidade explica por que não é o empregado considerado empresário".[247]

O terceiro aspecto do profissionalismo, segundo Ulhoa, é o *"monopólio das informações,* que o empresário detém sobre o produto ou serviço objeto de sua empresa". Sendo um profissional, o empresário deve dominar completamente as informações sobre os produtos e serviços que oferece ao mercado, com a finalidade de poder informar amplamente os consumidores e usuários.[248]

O empresário é o elemento subjetivo da empresa, sendo um de seus elementos caracterizadores.

---

[246] BRASIL. **Código Civil**. Lei n° 10.406, de 10 de janeiro de 2002.

[247] COELHO, Fábio Ulhoa. **Manual de direito comercial**. 2003. p. 11.

[248] Ibid. p. 12.

Rubens Requião ensina que:

> O empresário é o sujeito que exercita a atividade empresarial. É ainda, como observa Ferri, no todo ou em parte, o capitalista; desenvolve ele uma atividade organizada e técnica. É um servidor da organização de categoria mais elevada, à qual imprime o selo de sua liderança, assegurando a eficiência e o sucesso do funcionamento dos fatores organizados[249].

Ricardo Negrão cita um conceito moderno de empresário, que afirma "ser empresário aquele que exercita profissionalmente qualquer atividade econômica organizada, para a produção de bens ou serviços, excetuando-se as atividades intelectuais, de natureza científica, literária ou artística".[250]

O conceito de empresário alcança as pessoas físicas e as pessoas jurídicas. A pessoa natural, para assumir a condição de empresário, deverá ser agente capaz e estar na posse de seus direitos e deveres na ordem civil, em conformidade com os arts. 1º e 5º do Código Civil, estar inscrita no Cadastro de Pessoas Físicas (CPF), bem como não estar incursa em nenhuma das proibições legais.

Ainda no tocante ao empresário, a pessoa jurídica deverá ser constituída sob a forma de sociedade, respeitando-se o disposto no artigo 45 do Código Civil.[251]

Outro moderno conceito de empresário nos é dado por

---

[249] REQUIÃO, Rubens. **Curso de direito comercial**. 2003. pp. 38-39.

[250] NEGRÃO, Ricardo. **Manual de direito comercial e de empresa**. 2003. p. 46.

[251] **Art. 45**. Começa a existência legal das pessoas jurídicas de direito privado com a inscrição do ato constitutivo no respectivo registro, precedida, quando necessário, de autorização ou aprovação do Poder Executivo, averbando-se no registro todas as alterações por que passar o ato constitutivo.
Parágrafo único. Decai em três anos o direito de anular a constituição das pessoas jurídicas de direito privado, por defeito do ato respectivo, contado o prazo da publicação de sua inscrição no registro.

Fabretti:

> Considera-se empresário a pessoa que assume o risco do negócio, investindo capital em mercadorias, máquinas, equipamentos etc., contrata força de trabalho e administra esses fatores econômicos, visando a lucro. Ressalte-se que é indiferente o grau de formação escolar do empresário.[252]

De acordo com o novo Código Civil, "empresário é aquele que exerce a empresa (esta enquanto atividade econômica), podendo ser, para fins didáticos, e mantidas as devidas proporções, considerado como o sucedâneo moderno do antigo comerciante".[253]

Assim, "é empresário a pessoa que empreende, isto é, aquela que dá existência à empresa".[254]

2- A Antiga Figura do Comerciante

Como exposto no item anterior, o elemento subjetivo da empresa é o empresário, que é considerado o sucedâneo moderno do antigo comerciante.

Rubens Requião sabiamente disserta que:

> Tanto o comercialista moderno como os estudantes devem estudar o perfil do comerciante antigo ao lado dos novos conceitos sobre empresário, como fizeram os juristas italianos, que por força das regras do Direito positivo, tiveram que ultrapassar definitivamente o perfil doutrinário e a nomenclatura de comerciante.[255]

---

[252] FABRETTI, Láudio Camargo. **Direito de empresa no novo código civil**. 2003. p. 37.

[253] GOMES, Fábio Bellote. **Manual de direito comercial**. 2003. p. 12.

[254] MAMEDE, Gladston. **Direito empresarial brasileiro**. Empresa e Atuação Empresarial. 2004. v. 1. p. 45.

[255] REQUIÃO, Rubens. **Curso de direito comercial**. 2003. v. 1. p. 79.

O Direito Comercial se estende para além dos atos de comércio, tendo também, como um dos fatores preponderantes, o elemento subjetivo. "Não se compreende o comércio sem o comerciante".[256]

O Código Comercial brasileiro destinou seu primeiro artigo para tratar da figura do comerciante, estabelecendo quem podia comercializar no Brasil, enumerando-se do item 1 ao 4, bem como o que se assemelhava a um parágrafo, sem contudo, nenhuma indicação.

Carvalho de Mendonça assevera que "a pessoa é o primeiro elemento gerador de toda relação de direito".[257]

O tratadista ensina que a doutrina "não conseguirá definir, determinar ou fixar uma definição para comerciante, porque esta noção é em si indecisa e vacilante"; assim, Carvalho de Mendonça atribui a qualidade jurídica de comerciante ou negociante "para aquele que se inscrever no Registro do Comércio, e que exercem profissionalmente os atos de comércio".[258]

De acordo com a definição de Carvalho de Mendonça, o Registro do Comércio permite que facilmente se faça prova da qualidade de comerciante.

Spencer Vampré cita o conceito de comerciante, baseando-se no Código Comercial: "*Comerciante* ou *negociante*, é a pessoa capaz, que exerce profissionalmente o comércio, em nome e por conta própria".[259]

De Plácido e Silva ao definir comerciante, confere grande importância ao nome individual e à firma, visto dar a seguinte definição:

---

[256] FERREIRA, Waldemar. **Tratado de direito comercial**. 1960. v. 2. p. 4.

[257] CARVALHO DE MENDONÇA, José Xavier. **Tratado de direito comercial brasileiro**. 2001. v. 2. p. 13.

[258] Ibid. p. 16.

[259] VAMPRÉ, Spencer. *Tratado elementar de direito commercial*. 1921. v. 1. p. 110.

> Comerciante: no Direito Comercial, é a designação atribuída a toda pessoa, que tenha capacidade para exercer a mercancia e faça do comércio, por sua própria conta, sob seu *nome individual,* ou firma, profissão habitual.[260]

Para estes estudos, é de grande valia a definição do autor, isso em detrimento ao tema da presente obra, *Teoria Geral da Empresa,* pois é possível se traçar um vínculo entre a destacada posição ocupada pela figura do comerciante (ora empresário) e o Registro do *Comércio* ou da Empresa, que este representa.

3- As Espécies de Empresários

Como se frisou anteriormente, a figura do empresário tem existência através da pessoa (natural/física). Alguns autores inferem que o empresário também poderia ser pessoa jurídica, mas esta é apenas uma abstração do Direito.

Assim, a empresa pode ser representada por um empresário individual, aquele conceituado no já citado artigo 966 do Código Civil, ou por sociedade empresária, em que duas ou mais pessoas (uma coletividade), desempenham atividades empresariais, conforme o disposto nos artigos 981 e 982 do Código Civil:

> **Art. 981.** Celebram contrato de sociedade as pessoas que reciprocamente se obrigam a contribuir, com bens ou serviços, para o exercício de atividade econômica e a partilha, entre si, dos resultados.
>
> **Parágrafo único.** A atividade pode restringir-se à realização de um ou mais negócios determinados.
>
> **Art. 982.** Salvo as exceções expressas, considera-se empresária a sociedade que tem por objeto o exercício

---

[260] SILVA, De Plácido e. **Noções práticas de direito comercial**. 19[??]. pp. 67-68.

de atividade própria de empresário sujeito a registro (art. 967); e, simples, as demais.

Parágrafo único. Independentemente de seu objeto, considera-se empresária a sociedade por ações; e, simples, a cooperativa.[261]

Ricardo Negrão ensina que o Código Civil brasileiro criou, além dos já citados empresário individual e sociedade empresária, "outras duas figuras: o empresário rural e o pequeno empresário, permitindo ao primeiro a inscrição facultativa no Registro de Empresas, e ao segundo tratamento diferenciado, definido por Lei".[262]

Os artigos citados por Negrão no Código Civil são:

Art. 970. A lei assegurará tratamento favorecido, diferenciado e simplificado ao empresário rural e ao pequeno empresário, quanto à inscrição e aos efeitos daí decorrentes.

Art. 971. O empresário, cuja atividade rural constitua sua principal profissão, pode, observadas as formalidades de que tratam o art. 968 e seus parágrafos, requerer inscrição no Registro Público de Empresas Mercantis da respectiva sede, caso em que, depois de inscrito, ficará equiparado, para todos os efeitos, ao empresário sujeito a registro.[263]

Conforme os atos constitutivos da sociedade empresária, será o tipo de sócio que esta terá.

Requião nos dá alguns exemplos de denominações de sócios:

Diz-se sócio solidário ao da sociedade em nome coletivo; sócio comanditado ou sócio solidário e sócio comanditário, na sociedade em comandita simples;

---

[261] BRASIL. **Código Civil**. Lei n° 10.406, de 10 de janeiro de 2002.

[262] NEGRÃO, Ricardo. **Manual de direito comercial e de empresa**. 2003. v. 1. p. 48.

[263] **Código Civil**.

sócio de indústria ao da sociedade, que participa com seu trabalho; sócio ostensivo ou sócio oculto ao que integra a sociedade em conta de participação; sócio cotista na sociedade por cotas de responsabilidade limitada; sócio acionista, ou simplesmente acionista, ao da sociedade anônima[264].

Concluindo, as espécies de empresários são as seguintes: o empresário individual e o empresário em sociedade (empresária), o empresário rural e o pequeno empresário.

4- As Condições para o Exercício da Atividade Empresarial

Matéria antes regulada pela primeira parte do Código Comercial em seu art. 1º (quem pode comerciar), esta regra regeu os comerciantes e suas atividades desde 1850 até janeiro de 2003, quando foi revogada, do art. 1º ao 456, pelo Código Civil de 2002. O Código Comercial assim dispunha no título *Dos Comerciantes*, em seu Capítulo I, Das Qualidades Necessárias para ser Comerciante:

Art. 1 - Podem comerciar no Brasil:

1 - Todas as pessoas que, na conformidade das leis deste Império, se acharem na livre administração de suas pessoas e bens, e não forem expressamente proibidas neste Código.

2 - Os menores legitimamente emancipados.

3 - Os filhos-famílias que tiverem mais de 18 (dezoito) anos de idade, com autorização dos pais, provada por escritura pública. O filho maior de 21 (vinte e um) anos, que for associado ao comércio do pai, e o que com sua aprovação, provada por escrito, levantar algum estabelecimento comercial, será reputado emancipado e

---

[264] REQUIÃO, Rubens. **Curso de direito comercial**. 2003. v. 1. p. 424.

maior para todos os efeitos legais nas negociações mercantis.

4 - As mulheres casadas maiores de 18 (dezoito) anos, com autorização de seus maridos para poderem comerciar em seu próprio nome, provada por escritura pública. As que se acharem separadas da coabitação dos maridos por sentença de divórcio perpétuo, não precisam da sua autorização.

Os menores, os filhos-famílias e as mulheres casadas devem inscrever os títulos da sua habilitação civil, antes de principiarem a comerciar, no Registro do Comércio do respectivo distrito.

Desde a época do Código Comercial de 1850 (parte ainda em vigor), não houve preocupação do legislador em enumerar os requisitos que qualificassem o comerciante, apenas "franqueou-se o exercício do comércio, dele excluiu os incompatibilizados pelo exercício de cargos ou exercício públicos".[265]

Os pressupostos para o exercício da atividade comercial – empresarial – sob a égide do Código Comercial brasileiro de 1850, presumidamente, eram dois: a capacidade e a habitualidade no exercício da profissão mercantil.[266]

Acerca de tais pressupostos, Ricardo Negrão assevera que a capacidade do comerciante individual decorria da lei civil (Código Civil de 1916): toda pessoa maior de vinte e um anos era plenamente capaz de direitos e obrigações, isto é, podia reger sua própria pessoa e dispor de seus bens.[267]

Quanto à prática habitual, o autor ensina que esta "era o exercício efetivo e profissional de atos de comércio, isto é, os

---

[265] FERREIRA, Waldemar. **Tratado de direito comercial**. O Estatuto do Comerciante. v. 2. 1960. p. 23.

[266] NEGRÃO, Ricardo. **Manual de direito comercial e de empresa**. 2003. p. 49.

[267] Ibid. p. 49.

assim considerados por sua natureza e os decorrentes de determinação legal".[268]

Atualmente, as condições para o exercício da atividade empresarial encontram-se regradas pelo Código Civil de 2002, em seu art. 972, que assim dispõe: "Podem exercer a atividade de empresário os que estiverem em pleno gozo da capacidade civil e não forem legalmente impedidos".[269]

O legislador foi bastante claro ao expressar nesse artigo os requisitos necessários para o exercício da atividade empresarial, porém, nele não prescreveu quais são as proibições legais. Contudo, deduz-se que se tratam daquelas elencadas pelos arts. 3º e 4º do Código Civil, bem como outras proibições legais, que impeçam o exercício da atividade empresarial.

Por questão de adaptação do preceito contido no antigo Código Comercial, em relação ao que dispõe o Código Civil, é de máxima importância ressaltar a diferença entre ato e atividade, e para tal, utiliza-se aqui os ensinamentos de Ascacarelli citados por Bulgarelli:

> Ascarelli procura demonstrar a separação entre ato e atividade, com acento na finalidade. Atividade não significa ato, mas uma série de atos coordenados entre si em relação à finalidade comum e adverte que o termo *ato* mesmo na sua acepção jurídico-técnica deve ser visto – ao menos para a pessoa física – como equivalente a *affare*, pois integrante de uma série de atos, que podem ou não ser considerados como atividade. Esta colocação serve para explicar a qualificação de empresário em razão da prática de uma pluralidade de atos que tem por si mesmos mero valor instrumental em relação a outras operações, como por exemplo, a reiterada subscrição ou negociação de cambiais, que não

---

[268] Ibid. p. 49.

[269] BRASIL. **Código Civil**. Lei nº 10.406, de 10 de janeiro de 2002. Art. 972.

representa por si uma atividade empresarial, a qual invés poderá resultar de ulteriores operações em relação às quais a emissão e circulação de cambiais é instrumental, como a compra e venda de mercadorias a crédito e a própria intermediação no crédito.[270]

Às considerações de Ascarelli, Bulgarelli acrescenta ainda que, dentre algumas diferenças entre ato e atividade, "esta se desenvolve no tempo; tem um início, um fim e uma localização que podem ser considerados autônomos em relação aos atos singulares". Também que "o vem considerado em relação aos seus destinatários, a atividade como tal não tem um destinatário, sendo dirigida ao mercado ou consumo do próprio sujeito".[271]

O art. 973 do Código Civil prevê a incapacidade superveniente, como se transcreve: "A pessoa legalmente impedida de exercer atividade própria de empresário, se a exercer, responderá pelas obrigações contraídas".

A "incapacidade superveniente, motivadora de dificuldades de toda ordem, gerando conflitos judiciais, foi objeto de previsão na nova codificação. O incapaz pode continuar a empresa, desde que devidamente assistido ou representado".[272]

Rubens Requião assevera que mesmo antes da unificação parcial do Direito Privado determinada pelo novo Código Civil, as condições para o exercício da atividade empresarial, já era considerada do campo civil.[273]

O Código Civil alterou para 18 anos a idade em que cessa a menoridade do indivíduo, bem como prescreve os casos em

---

[270] ASCARELLI, Túlio. apud BULGARELLI, Waldirio. **Tratado de direito empresarial**. 2000. p. 117.

[271] BULGARELLI, Waldirio. **Tratado de direito empresarial**. 2000. p. 119.

[272] NEGRÃO, Ricardo. **Manual de direito comercial e de empresa**. 2003. v. 1. p. 50.

[273] REQUIÃO, Rubens. **Curso de direito comercial**. 2003. v. 1. p. 85.

que cessa a incapacidade dos menores:

> **Art. 5º** A menoridade cessa aos dezoito anos completos, quando a pessoa fica habilitada à prática de todos os atos da vida civil.
>
> Parágrafo único. Cessará, para os menores, a incapacidade:
>
> I - pela concessão dos pais, ou de um deles na falta do outro, mediante instrumento público, independentemente de homologação judicial, ou por sentença do juiz, ouvido o tutor, se o menor tiver dezesseis anos completos;
>
> II - pelo casamento;
>
> III - pelo exercício de emprego público efetivo;
>
> IV - pela colação de grau em curso de ensino superior;
>
> V - pelo estabelecimento civil ou comercial, ou pela existência de relação de emprego, desde que, em função deles, o menor com dezesseis anos completos tenha economia própria.[274]

Dessa forma, percebe-se que, com exceção à redução da idade da maioridade, não há nenhuma novidade em relação à antiga regra.

Deve-se lembrar que o empresário é o elemento subjetivo da empresa. Dessa feita, como ensina Gladston Mamede:

> Apenas a atividade econômica devidamente estruturada e institucionalizada, a envolver procedimentos mercantis — isto é, voltados para o mercado — e destinação de patrimônio específico para a realização dos fins lucrativos, caracteriza a empresa e dá, a seu responsável, a condição de empresário.[275]

---

274 BRASIL. **Código Civil**. Lei n° 10.406, de 10 de janeiro de 2002.

275 MAMEDE, Gladston. **Direito empresarial brasileiro**. Empresa e atuação empresarial. 2004. v. 1. p. 70.

Pode-se dizer que a capacidade e a habitualidade são, como visto, os pressupostos para o exercício da atividade empresarial; entretanto, não se pode esquecer que tal exercício somente se dará de pleno direito, se o indivíduo efetuar a necessária inscrição no Registro Público, observando o disposto nos arts. 967 e 968 do Código Civil.[276]

Bulgarelli, tomando por base o art. 966 do atual Código Civil[277], à época, ainda Projeto de Lei, asseverou que:

> É empresário a pessoa física que no gozo da capacidade, com dezoito anos no mínimo e não impedido – ou sociedade – exerce em nome próprio, devidamente registrado, profissionalmente, atividade econômica organizada para a produção ou circulação de bens ou de serviços, que não seja intelectual, pequena ou rural, com o fito de lucro ou de obter resultados econômicos.[278]

Portanto, se o indivíduo se enquadrar nos requisitos legais, inerentes ao elemento subjetivo da empresa – já abordados anteriormente –, em condições para o exercício da atividade empresarial, ser for agente capaz e não estiver incurso em nenhuma das proibições legais, poderá se tornar empresário, através do devido registro.

---

[276] **Art. 967**. É obrigatória a inscrição do empresário no Registro Público de Empresas Mercantis da respectiva sede, antes do início de sua atividade.
Art. 968. A inscrição do empresário far-se-á mediante requerimento que contenha: **I** - o seu *nome*, nacionalidade, domicílio, estado civil e, se casado, o regime de bens; **II** - a *firma*, com a respectiva assinatura autógrafa; **III** - o capital; **IV** - o objeto e a sede da empresa. § 1º Com as indicações estabelecidas neste artigo, a inscrição será tomada por termo no livro próprio do Registro Público de Empresas Mercantis, e obedecerá a número de ordem contínuo para todos os empresários inscritos. § 2º À margem da inscrição, e com as mesmas formalidades, serão averbadas quaisquer modificações nela ocorrentes.

[277] **Art. 966**. Considera-se empresário quem exerce profissionalmente atividade econômica organizada para a produção ou a circulação de bens ou de serviços.

[278] BULGARELLI, Waldirio. **Tratado de direito empresarial**. 2000. p. 257.

5- As Pessoas Impedidas do Exercício da Atividade Empresarial

Na figura do art. 2º do Código Comercial, revogado como já disposto anteriormente, no mesmo título que tratava *Dos Comerciantes*, e *Das Qualidades Necessárias para ser Comerciante*, dispunha expressamente quem não podia comerciar:

Art. 2 - São proibidos de comerciar:

1 - os presidentes e os comandantes de armas das províncias, os magistrados vitalícios, os juízes municipais e os de órfãos, e oficiais de Fazenda, dentro dos distritos em que exercerem as suas funções;

2 - os oficiais militares de 1ª linha de mar e terra, salvo se forem reformados, e os dos corpos policiais;

3 - as corporações de mão-morta, os clérigos e os regulares;

4 - os falidos, enquanto não forem legalmente reabilitados.

Além de tal disposição, várias outras normas traziam proibições para o exercício do comércio. Uma delas estava contida nos arts. 5º e 6º do antigo Código Civil (de 1916), que tratava, respectivamente, dos absolutamente e dos relativamente incapazes, prescrevendo ainda em seu art. 9º, que a menoridade cessava aos 21 anos completos, bem como outras formas de cessação da incapacidade.

Assim, como já prelecionado anteriormente, se a pessoa estiver incursa nos casos tipificados pelos arts. 3º e 4º do novo Código Civil, estarão, destarte, impedidas de se constituir como empresário e do exercício da respectiva atividade.

O exercício da atividade empresarial, conforme os ensinamentos de Carvalho de Mendonça, em regra não são incompatíveis com outras profissões.[279]

É quase unânime entre os doutrinadores ao tratarem dos impedimentos para o exercício da atividade empresarial, citar o já transcrito Art. 972 do Código Civil; entretanto, este somente cita que não poderão exercer a atividade empresarial, as pessoas legalmente impedidas. Desta forma, não resta outra alternativa senão recorrer-se ao parcialmente revogado Código Comercial, utilizando o disposto em seus artigo segundo (acima transcrito).

Segundo Ricardo Negrão "as regras para os agentes políticos, funcionários públicos, estrangeiros e para o exercício de determinadas profissões permanecem agora sob a égide do art. 972 do Código Civil"[280].

As incompatibilidades funcionais, de acordo com Requião, não são comerciais. "O moderno Direito Comercial relega para as leis administrativas a declaração desses impedimentos".[281]

Negrão observa que "as razões para os antigos impedimentos, no tocante ao exercício da atividade comercial, são as mesmas em relação à atividade empresarial".[282]

Passa-se a expor, sucintamente, os impedidos legalmente de exercer a atividade empresarial, conforme as disposições legais.

O impedimento aos magistrados, possui fulcro no artigo 36, I e II da Lei Orgânica da Magistratura – Lei Complementar nº 35, de 14 de março de 1979.

Os Membros do Ministério Público estão impedidos pela previsão constitucional descrita no artigo 128 , § 5º, II, "c", e

---

[279] CARVALHO DE MENDONÇA, José Xavier, **Tratado de direito comercial brasileiro**. 2001. v. 2. p. 117.

[280] NEGRÃO, Ricardo. **Manual de direito comercial e de empresa**. 2003. p. 51.

[281] REQUIÃO, Rubens. **Curso de direito comercial**. 2003. v. 1. p. 99.

[282] NEGRÃO, Ricardo. Op. cit. p. 51.

ainda, pelo disposto no art. 44, III da Lei Orgânica do Ministério Público – Lei nº 8.625, de 12 de fevereiro de 1993.

O Regime Jurídico Único dos Servidores Públicos Federais – Lei nº 8.112, de 11 de dezembro de 1990 – em seu artigo 117, X, dispõe sobre o impedimento dos funcionários públicos de exercerem atividade empresarial.

Requião começa por enumerar a proibição atribuída aos funcionários públicos que, asseverando o que Negrão afirma, trata-se de matéria de domínio do Direito Privado. Dessa feita, Requião assevera que "é a conveniência do serviço público que determina a incompatibilidade" e para justificar a não compatibilidade o autor utiliza as palavras de Pedro Lessa:

> Quanto aos funcionários de ordem administrativa e judiciária, a necessidade de não se distraírem dos deveres de seu cargo, a conveniência de manter o prestígio e a dignidade de certas autoridades, que uma declaração de falência poderia comprometer gravemente, os perigos do abuso e do monopólio e mesmo alguns ligeiros vestígios do anacrônico preconceito sobre a natureza modesta e plebeia da profissão comercial, eis os motivos da disposição legislativa que analisamos.[283]

Quanto aos militares da ativa, o impedimento está previsto no artigo 29, *caput* do Estatuto dos Militares – Lei nº 6.880, de 9 de dezembro de 1980.

Os falidos também são impedidos de praticar atividades empresariais, conforme dispôs o art. 138 da antiga Lei de Falências; ora regulado pelo art. 102 da nova Lei de Recuperação Judicial, da Extrajudicial e da Falência do Empresário e da Sociedade Empresária – Lei nº 11.101, de 9 de fevereiro de 2005, que abaixo se transcreve:

> **Art. 102.** O falido fica inabilitado para exercer qualquer atividade empresarial a partir da decretação da falência

---

[283] LESSA, Pedro apud REQUIÃO, Rubens. Op. cit. p. 99.

e até a sentença que extingue suas obrigações, respeitado o disposto no § 1º do art. 181 desta Lei.

Parágrafo único. Findo o período de inabilitação, o falido poderá requerer ao juiz da falência que proceda à respectiva anotação em seu registro.

Ricardo Negrão ensina que:

> Falidos são comerciantes – pessoas físicas ou jurídicas – que, sem relevante razão de direito, deixarem de pagar no vencimento obrigação líquida, constante de título que legítima ação executiva, ou praticaram alguns dos atos previstos no art. 2º[284] da Lei de Falências.[285]

O fundamento do impedimento do exercício da atividade empresarial pelo falido encontra-se no fato de que esse perde o poder de administrar seus bens, os quais passam a constituir o ativo da massa falida.

Conforme ensina Requião, "em certos casos é-lhe facultado obter do juiz o prosseguimento de seu comércio, não lhe é possível, evidentemente, instalar-se em novo negócio, pois o síndico poderia arrecadar seu patrimônio assim investido".[286]

Carvalho de Mendonça assevera que depois da separação da Igreja e do Estado, "não tem mais razão de ser proibições que o art. 2º, nº 3, do Código Comercial estabelecia quanto aos clérigos e regulares", posto que "essa proibição não é da alçada das leis civis".[287]

Ressalta-se, ainda, o disposto no parágrafo primeiro do artigo 1.011 do Código Civil:

---

[284] Definição dada segundo a antiga Lei de Falências, Lei nº 7.661/1945.

[285] NEGRÃO, Ricardo. **Manual de direito comercial e de empresa**. 2003. p. 52.

[286] REQUIÃO, Rubens. **Curso de direito comercial**. 2003. v. 1. p. 102.

[287] CARVALHO DE MENDONÇA, José Xavier. **Tratado de direito comercial brasileiro**. 2001. v.2. p. 126.

> **Art. 1.011.** O administrador da sociedade deverá ter, no exercício de suas funções, o cuidado e a diligência que todo homem ativo e probo costuma empregar na administração de seus próprios negócios.
>
> § 1º Não podem ser administradores, além das pessoas impedidas por lei especial, os condenados a pena que vede, ainda que temporariamente, o acesso a cargos públicos; ou por crime falimentar, de prevaricação, peita ou suborno, concussão, peculato; ou contra a economia popular, contra o sistema financeiro nacional, contra as normas de defesa da concorrência, contra as relações de consumo, a fé pública ou a propriedade, enquanto perdurarem os efeitos da condenação.

Esse artigo trata daqueles que Mamede denomina de *"moralmente inidôneos"*.[288]

Por derradeiro, pode-se afirmar que embora não esteja expresso, por analogia – uma vez que trata dos administradores de sociedades empresárias –, no citado art. 1.011 do Código Civil, encontram-se determinados impedimentos para o exercício da atividade empresarial, além dos já elencados anteriormente.

---

[288] MAMEDE, Gladston. **Direito Empresarial Brasileiro**. Empresa e Atuação Empresarial. 2004. v. 1. p. 83.

Capítulo IV

ELEMENTOS DE IDENTIFICAÇÃO DA EMPRESA

> "O exame de um argumento dado comporta, em primeiro lugar, uma definição do objeto da análise, que fixa os seus limites e implica, ao mesmo tempo, um conjunto de categorias a que é necessário fazer referência no decurso do estudo."[289]

Assim, os elementos de identificação da empresa – nome empresarial, marca, título de estabelecimento e insígnia –, pelo grau de importância que têm perante o exercício das atividades empresariais, gozam de proteção legal. Outro elemento é o sinal ou expressão de propaganda, que embora não seja mais passível de registro, ainda é um dos elementos que identificam a empresa, que também terá lugar no presente capítulo.

"É inegável que a lei equipara, em valor de proteção, tanto o *nome comercial* [290], quanto a marca (inclusive aquela

---

[289] SALAMONE, Nino. **Causas sociais da revolução industrial**. 1980. p. 13.

[290] "Nome comercial" é a nomenclatura antiga, dada pelo Código Comercial (1850) e pela Convenção da União de Paris para a proteção da Propriedade Industrial (CUP, de 1883). A Constituição Federal (1988) já utilizava a nomenclatura "nome de empresa" em seu art. 5º, XXIX. A Lei nº 8.934/1994, inaugurou a nomenclatura "nome empresarial" em seu art. 33, de acordo com

apenas depositada que, a rigor, não constitui qualquer direito)", senão uma expectativa do direito que nascerá a partir do registro, "não admitindo, entre ambos, quanto à abrangência ou eficácia da proteção conferida, qualquer distinção".[291]

Pontes de Miranda ensina que "somente quem é titular do nome comercial, do direito sobre o título de estabelecimento ou do direito sobre a insígnia pode apô-lo em coisas".[292] O mesmo ocorre com quem é titular de marca registrada.

Em sua monografia, Newton Silveira ao abordar os *sinais identificadores*, desde logo destaca sua grande importância, partindo do ponto de vista concorrencial, como se verifica no excerto abaixo:

> Anteriormente à Revolução Francesa, praticamente inexistia a competição industrial. O regime de corporações de ofícios e de monopólios garantidos por decretos reais vigente na Europa cerceava quase completamente a possibilidade de concorrência.[293]

Além da Revolução Francesa, que historicamente deu novos rumos não só aos Direitos Humanos como também ao comércio, pode-se afirmar que outro movimento de relevada importância que contribuiu para uma explosão do desenvolvimento industrial, comercial e mesmo científico, bem como econômico, foi sem dúvida alguma a Revolução Industrial, trazendo consigo uma constante necessidade de se proteger a gama de invenções que decisivamente mudaram o mundo.

Muito antes disso, os pensadores franceses

---

o Projeto do Código Civil. Assim, a atual nomenclatura é a dada pelo Código Civil (2002): "nome empresarial".

[291] PINHO, Ricardo. **A aplicação do princípio da especialidade aos nomes comerciais**. 1994. p. 34.

[292] PONTES DE MIRANDA, Francisco Cavalcanti. **Tratado de direito privado**. 2000. v. 17. p. 341.

[293] SILVEIRA, Newton. **A propriedade intelectual e as novas leis autorais**. 1998. p. 15.

Montesquieu[294] e Descartes[295] já assinalavam os efeitos que viam no mundo – conquanto aqui se faz uma metáfora, ou mesmo uma translação, à existência dos elementos de identificação da empresa e dela mesmo – ao buscarem uma razão maior, alimentando, de alguma forma, o pensamento jusnaturalista que ajudaria mais tarde a inspirar os Direitos Humanos, cristalizados com a Revolução Francesa:

> Os que disseram que *uma fatalidade cega produziu todos os efeitos, que vemos no mundo*, disseram uma grande absurdidade. Pois que absurdidade maior do que uma fatalidade cega que teria produzido seres inteligentes?[296]

> Conquanto eu quisesse considerar tudo falso era absolutamente necessário que eu, que assim pensava, fosse alguma coisa. *Penso, logo existo.*[297]

Deixando propositalmente os apartes acima, com os excertos de Montesquieu e Descartes, metaforicamente busca-se ligar semanticamente os sinais visíveis de identificação das empresas. Ou seja, a partir da inteligência humana, conquanto raciocinamos, podemos dizer que ao pensar em uma marca, fazemos uma conexão entre ela e o elemento (marca), à existência de um produto ou um serviço, ou mesmo da empresa. Isso também pode se aplicar, quando da Revolução Francesa e Revolução Industrial.

Assim destaca Pimentel:

> A tecnologia moderna, a partir da Revolução Industrial, conforma todo o âmbito da experiência humana, altera a realidade e a forma de representá-la e aplicá-la, assim

---

[294] Charles-Louis de Secondat, o Barão de Brède e de Montesquieu (1689/1755). Magistrado e pensador francês. Um dos maiores prosadores da língua francesa e representante da *intelligentsia* europeia.

[295] René Descartes (1596/1650). Filósofo francês. Criador do sistema filosófico conhecido como cartesianismo.

[296] MONTESQUIEU. **O espírito das leis**. 2000. p. 79.

[297] DESCARTES, René apud BLITZER, Charles. **A era dos reis**. 1973. p. 119.

> como os critérios para valorá-la. Tornou-se tão importante neste final de século que grande parte da atividade científica, principalmente das ciências aplicadas, está voltada para o seu desenvolvimento. [298]

Ao contar a história da indústria no Brasil, Hardman e Leonardi tratam do surgimento das primeiras indústrias brasileiras, como se verifica:

> Quando surgiram os primeiros estabelecimentos fabris no Brasil, a Revolução Industrial na Inglaterra já vinha se desenvolvendo há mais de meio século. O aparecimento de algumas fábricas no interior da sociedade escravista brasileira, na primeira metade do século XIX, não significava, em absoluto, que esses fatos primeiros estivessem prestes a se generalizar. Quando, do ponto de vista quantitativo, o fenômeno se intensificou um pouco mais após 1888, ainda assim a indústria brasileira permaneceu extremamente embrionária se comparada com o processo que teve início, um século antes, nas tecelagens de Lancashire.[299]

Além disso, Newton Silveira destaca que além da concorrência, ao se referir que até a Revolução Francesa quase inexistia, e das necessidades de proteção das invenções, os elementos de identificação passaram, ao lado das invenções, a ter considerável importância, como se verifica a seguir:

> Ao lado do referido movimento de proteção às criações do espírito, surgiu então a mesma necessidade de identificação da origem dos produtos, para evitar que os mais afoitos se servissem do conceito dos produtos alheios para inculcar os seus.[300]

---

[298] PIMENTEL, Luiz Otávio. **Direito industrial**. As funções do direito de patentes. 1999. p. 18.

[299] HARDMAN, Foot; LEONARDI, Victor. **História da indústria e do trabalho no Brasil**. 1991. p. 21.

[300] SILVEIRA, Newton. **A propriedade intelectual e as novas leis autorais**. 1998. p. 16.

Sem estabelecer uma hierarquia entre os elementos de identificação da empresa, é que serão tratados neste capítulo em uma ordem lógica, partindo do nome empresarial, que é o primeiro a ser usado desde a constituição da empresa, até a insígnia, que é empregada na fachada do estabelecimento empresarial ou em papéis ou cartazes, como também, os sinais ou expressões de propaganda.

Assim, considerando que um dos primeiros objetivos da empresa é o lucro, segundo a teoria econômica, sem se esquecer da "moderna" teoria da função social da empresa, esta para se estabelecer e ser conhecida em seu seguimento e garantir inclusive sua sobrevivência no meio concorrencial, além de produtos ou serviços com qualidade, bons preços, de alguma forma precisa se apresentar ao público, quer sejam os seus consumidores em potencial, seus colaboradores ou clientes internos, a seus fornecedores ou mesmo aos órgãos de registro, etc.; e isso ocorre através de seus elementos de identificação.

Naturalmente, dependendo da atividade empresarial desenvolvida, é que o empresário optará pela forma mais eficaz e adequada para ser conhecido, como também o seu negócio ou atividade empresarial, bem como para ser distinguido pela clientela, quer seja na região onde atua, na localidade, no Estado, no país, enfim, onde quer que sua atuação alcance.

Podemos imaginar uma pequena quitanda, instalada num ponto comercial de um bairro da periferia de uma pequena cidade, onde o empresário, além de oferecer frutas e verduras frescas, deve se preocupar também com o estabelecimento empresarial. Todavia, não estaria nem um pouco preocupado se um outro empresário, noutra cidade, usasse uma forma de identificação semelhante, pois não havendo possibilidade de erro ou confusão por parte do consumidor, não ensejaria, deste modo, concorrência desleal.[301]

---

[301] SCHECHTER, Roger. ***Unfair trade practices intellectual property***. 1993.

Entretanto, um empresário que se adequou ao mundo virtual, e utiliza-se da *internet* para fazer negócios, não tem suas fronteiras concorrenciais, diferentemente do empresário anterior, pois seu ramo de atuação, sua clientela, tem outras exigências que se distinguem claramente entre estes exemplos. Neste último caso, ao contrário do primeiro, cujo estabelecimento empresarial é físico, o segundo seria o já mencionado novo tipo de estabelecimento, conhecido como estabelecimento empresarial eletrônico ou virtual, que operam através do *e-commerce* ou lojas virtuais, cujos elementos de identificação, ainda que incorpóreos, são os verdadeiros ativos do empresário ou da sociedade empresária. No caso desses estabelecimentos, o "nome de domínio" figura dentre seus elementos de identificação.

De qualquer forma, previamente, antes de constituir a sociedade, no plano de negócios, além da definição do negócio, da visão e da missão da empresa, dos valores, o empreendedor deve levar em conta os elementos de identificação da empresa como elemento estratégico, devendo considerar com igual seriedade a definição do nome empresarial, da marca, o tipo de estabelecimento, o local onde será instalada, como estratégia empresarial, para determinar seu caminho no mundo concorrencial.

> A escolha do caminho e da postura da empresa em seu mercado exige que se analise a empresa como um todo, como organismo vivo que é, e também que se analise cada um dos recursos com que conte para prosseguir com sucesso em seu caminho.[302]

Enfim, para cada forma de atuação empresarial, o empresário poderá utilizar distintos elementos de identificação da empresa, ou seja, o nome empresarial, a marca, o título de estabelecimento e a insígnia. Estes elementos poderão ser todos utilizados, como também apenas um deles e,

---

[302] BETHLEM, Agricola. **Estratégia empresarial**. 2002. p. 307.

necessariamente, o nome empresarial, o que é obrigatório de acordo com a legislação vigente, estatuída pelo Código Civil. Já a marca, o título de estabelecimento e a insígnia, embora também gozem de proteção legal, seu registro e uso não são obrigatórios para o exercício de atividade empresarial.

O uso indevido por terceiro, não autorizado, isso sim pode ensejar crimes de concorrência desleal através do nome empresarial, título de estabelecimento ou insígnia, bem como os crimes contra as marcas. E, no caso desta última, apesar de seu registro não ser obrigatório, o registro é a melhor forma de proteger a propriedade das marcas, bem como seu uso exclusivo em todo território nacional, na(s) classe(s) de produtos ou serviços em que atua a empresa.

1- Nome Empresarial

O nome empresarial, anteriormente conhecido pela expressão *nome comercial*, é um dos elementos de identificação da empresa, porém é o único elemento obrigatório para o exercício de atividade de empresa no Direito atual. Também o nome das sociedades simples, associações e fundações, de acordo com o parágrafo único do art. 1.155 do Código Civil, se equiparam ao nome empresarial, para os efeitos de proteção legal.

Iniciamos o presente tema com um conceito de Affonso Celso Assis Figueiredo, extraído de sua obra doutrinária, que segundo Bento de Faria[303] é a mais antiga obra brasileira sobre nome comercial, e segundo Karin Grau-Kuntz, o conselheiro Affonso Celso foi um dos autores do Decreto 3.346, de 14 de outubro de 1887, que embora não definisse, foi o primeiro decreto brasileiro a empregar a expressão *nome commercial* ou

---

[303] BENTO DE FARIA, Antonio. ***Das marcas de fabrica e de commercio e do nome commercial****. 1906. pp. 5-6.

firma social (art. 8º, inciso 2, e art. 14, inciso 7), tendo este revogado a primeira legislação brasileira sobre marcas, de 1875. Em sua obra inaugural sobre a matéria[304], Affonso Celso assim preleciona, *ipsis litteris*:

> *O nome commercial é a denominação sob a qual exerce alguem o genero de industria ou de commercio a que se dedica. Neste sentido significa o mesmo que nome social, firma ou razão social, razão commercial, ou razão de commercio.*[305]

Ao tratar dos nomes das pessoas jurídicas, Grau-Kuntz cita Affonso Celso, que de sua obra se extrai o seguinte excerto, nas palavras do autor:

> *Nome commercial é o patronymico do indivíduo: visto que advém-lhe de seu estado civil; preexiste á sua entrada no mundo industrial. Do mesmo modo a firma commercial outra cousa não é, geralmente, sinão o nome próprio de um dos membros da sociedade acompanhado de algum addendum, qual, por exemplo – Companhia, Viuva, Irmão, Filho, etc., indicativo de que pertence a mais alguém, ou uma combinação de elementos tirados das denominações de todos os associados, como – Castro, Rebello & Cia.*[306]

Desde a Convenção da União de Paris para a proteção da Propriedade Industrial (CUP) de 1883, da qual o Brasil é país originalmente signatário, a expressão nome comercial é utilizada ainda hoje, mesmo que tenha evoluído para outras expressões como "nome de empresa"[307] e finalmente ao

---

[304] A primeira obra brasileira sobre nome comercial é de autoria do conselheiro Affonso Celso de Assis Figueiredo. Trata-se de *Marcas industriaes e nome commercial*, publicada no Rio de Janeiro pela Imprensa Nacional, em 1888.

[305] FIGUEIREDO, Affonso Celso Assis. **Marcas industriaes e nome commercial**. 1888. p. 101.

[306] GRAU-KUNTZ, Karin. **Do nome das pessoas jurídicas**. 1998. p. 39-40. Cf. FIGUEIREDO, Affonso Celso Assis. Op. cit. p. 197.

[307] Constituição Federal (1988), art. 5º, XXIX. Lei nº 9.279/1996, art. 124, V.

"nome empresarial"[308], cuja previsão se deu em seu art. 8º.

Com base na CUP, a Organização Mundial da Propriedade Intelectual (OMPI), deveria definir *nome comercial* em seu glossário, entretanto relega essa missão para as legislações dos países membros, como se verifica abaixo:

> *Nom commercial: La définition du nom commercial aux fins de la protection, et les modalités suivant lesquelles cette protection est accordée, sont des questions qui relèvent de la législation nationale des pays concernés. Par conséquent, la protection peut découler d'une législation spéciale sur les noms commerciaux ou d'une législation plus générale sur la concurrence déloyale ou sur les droits de la personnalité. (Voir texte sur la Convention de Paris préparé pour le Séminaire ISIP '98, para. 142).* [309]

Para Pontes de Miranda, a *marca*, o *título de estabelecimento* e a *insígnia* são facultativos, porém, "o nome comercial não o é: toda pessoa, física ou jurídica, que tem empresa agrícola, industrial ou comercial (e as expressões "nome comercial", firma, razão social, são hoje, conceitos de todo o Direito Privado), tem de ter *nome*".[310] Ou seja, afirma a obrigatoriedade do nome empresarial, conquanto confirma a faculdade do empresário em utilizar outros três sinais distintivos da empresa.

Assim, o nome empresarial da sociedade ou do empresário individual, além da proteção legal, é condição para o exercício da atividade empresarial, salvo nos casos

---

[308] Lei nº 8.934/1994, art. 33; e o Código Civil (2002), Capítulo II Do Nome Empresarial, arts. 1.155 a 1.168.

[309] *NOM COMMERCIAL*. In: OMPI. **Glossaire** : *Termes et Définitions*. 2002. p. 42. **Tradução livre**: "Nome Comercial – A definição de um nome comercial para fins de proteção e o modo que se outorga dita proteção, compete às legislações nacionais dos países concernidos. Por conseguinte, a proteção pode dimanar de uma legislação especial em matéria de nomes comerciais ou de uma legislação geral sobre concorrência desleal ou de direitos da personalidade. (Ver texto sobre a Convenção de Paris, preparado para o Seminário ISIP de 1998, § 142)."

[310] PONTES DE MIRANDA, Francisco Cavalcanti. **Tratado de direito privado**. 2001. v. 17. p. 193.

mencionados em lei. Para Magalhães,

> Assim como as pessoas físicas, também as sociedades devem possuir um nome que as distinguem ou caracterizam no giro comercial. Mas quanto ao nome das pessoas (o nome civil) em função meramente individualizadora, o das sociedades, de um modo geral, refletem ainda atributos especiais ligados à sua forma jurídica e à natureza do vínculo que une os sócios entre si.[311]

Destarte, ao se constituir a sociedade, obtendo-lhe a personalidade jurídica, esta girará em torno de um *nome comum* (nome empresarial) ou seja, o *nome da sociedade*, sob a qual se constituirá os negócios e bens comuns aos sócios, como se verifica em trecho clássico do Direito Romano:

> *Quibus autem permissum est corpus hebere collegii, societatis, sivel cuiusque alterius eorum nomine, proprium est, ad exemplum reipublicae habere res communes, arcam communem, et actorem sive syndicum, per quem, tanquam in republica, quod communiter agi fierique oporteat, agatur, fiat:, Quod cujuscumque universitatis.* [312]

Nome empresarial [313] é, portanto, o nome ou firma pelo qual o empresário exerce individualmente atividades empresariais, ou denominação social ou firma social, adotados pela sociedade para o exercício de empresa, assim definidos em lei.

---

[311] MAGALHÃES, Roberto Barcellos de. **Constituição das sociedades comerciais**. 1960. p. 97.

[312] GONZAGA, Maria Cristina de Brito. **Frases de latim forense**. 1994. p. 211. Cf. Digesto, I. 3, t. 4, fr, 1, § 1º. **Tradução** de Maria Cristina de Brito Gonzaga: "As pessoas jurídicas às quais é permitido ter existência de corporação, de sociedade ou qualquer outra coletividade com o *nome* destas lhes é próprio, a exemplo da república, terem coisas comuns, cofre comum, assim como administrador ou síndico, por quem seja tratado e seja feito, como na república, o que deva ser tratado e ser feito comumente."

[313] NOME EMPRESARIAL. Definição do autor, de acordo com o novo Código Civil.

Firma[314] é o próprio nome civil do empresário ou dos sócios, com ou sem acréscimos, que compõe o nome empresarial. *Denominação*[315] é a expressão de fantasia ou nome de sócios e expressões que designam o objeto da sociedade, que no conjunto compõem o nome empresarial.

Qualquer empreendedor, ao pensar em constituir uma nova empresa, seja na forma de sociedade empresária ou como empresário individual, tem como uma de suas primeiras preocupações, dentre tantas outras, a adoção de um nome empresarial como elemento de identificação das demais empresas estabelecidas e com seus Atos Constitutivos devidamente arquivados nas Juntas Comerciais dos Estados ou do Distrito Federal (DF).

Do ponto de vista estratégico para a criação de um novo negócio (nova empresa), Palmeira apresenta no capítulo 2, intitulado *Empreendedorismo e plano de negócio*, do *Manual de gestão empresarial*, um "roteiro básico" para a Elaboração do Plano de Negócio, tendo em vista a obtenção do crescimento do empreendimento, visando prevenir o insucesso. Não foi nenhuma surpresa que logo o primeiro item do roteiro para o novo negócio é o *nome empresarial*, que ela chama de *nome do negócio*, ainda que essa escolha seja provisória, lembrando das buscas ou consultas de anterioridades nos respectivos bancos de dados, para não incorrer em colidência com nomes empresariais já registrados.

Dentre os 15 itens do Plano de Negócio, o item 4 do roteiro trata da sociedade empresária e seu ramo de negócio, subdividindo este item em três: "a empresa, análise do ramo e estratégia adotada".[316] Note-se que, dentre as primeiras providências para a criação de uma empresa, está a elaboração

---

[314] FIRMA. Definição do autor, de acordo com o novo Código Civil.

[315] DENOMINAÇÃO. Definição do autor, de acordo com o novo Código Civil.

[316] PALMEIRA, Mirian. Empreendedorismo e Plano de Negócio. In: BULGACOV, Sergio. Org. **Manual de gestão empresarial**. 1999. p. 57.

de um bem estruturado Plano de Negócio e o destaque para o *nome empresarial*, dada a sua importância, como já dito, veio em primeiro lugar.

Logo, primeiramente o empreendedor, pessoalmente ou através de um contador, administrador ou advogado, deve proceder a uma busca prévia do nome pretendido na Junta Comercial do respectivo Estado ou do DF, onde se localizará a sede da sociedade (ou do empresário), verificando se o nome empresarial pretendido não tem nenhuma restrição, ou seja, se não há colidência parcial ou total com outros nomes empresariais já registrados, evitando-se possível semelhante.

Comentando a antiga Lei n° 1.236, de 24 de setembro de 1904, Braga Junior assim referencia:

> *o nome commercial ou industrial, ou mesmo firma commercial, podem ser objecto de marcas de indústria ou de commércio comtanto que não se immitem ou façam confusão.*[317]

Assim, também, será prudente verificar, através de um agente da propriedade industrial ou advogado, junto ao cadastro nacional de marcas do INPI, se as denominações de fantasia ou elemento caracterizador adotados na construção do nome empresarial estão disponíveis, a fim de se evitar a colidência do nome empresarial com marca registrada, cuja utilização é de exclusividade de seu titular em todo o território nacional.

Ou seja, da mesma forma que o art. 124, V, da Lei da Propriedade Industrial (LPI), proíbe o registro de marcas com "reprodução ou imitação de elemento característico ou diferenciador de título de estabelecimento ou *nome de empresa* de terceiros, suscetível de causar confusão ou associação com estes sinais distintivos"; é vedada a composição de nome empresarial que utilize marca alheia registrada.

---

[317] Cf. BRAGA JUNIOR, Benjamin do Carmo. **Regimen das marcas de fábrica e de commércio**. 1922. p. 39.

Com referência à possibilidade de nomes empresariais idênticos, estabelece o art. 43 da Lei argentina que aquele que quiser exercer atividade comercial, industrial ou ramo da agricultura, e este nome empresarial ou designação colidir com o de outra pessoa que já esteja exercendo esta atividade, terá que efetuar a modificação, afim de que venha a ser visivelmente distinto da casa ou estabelecimento preexistente.[318]

O Código Comercial argentino assim dispõe, na forma de seu art. 300:

> *la razón social o la denominación de cada sociedad, que deberá ser claramente distinguida de la de cualquier otra constituye una propiedad suya y no puede ser adoptada por ninguna otra.*[319]

Por *firma*, Zavala Rodrígues entende que é "o nome que utiliza o empresário individual no exercício de sua empresa. Se a empresa é coletiva, essa firma se denomina *firma social* ou *razão social*". Menciona também o disposto no art. 301 do Código Comercial, que diz que a *firma* pode ter denominação de fantasia ou não se restringir ao nome civil do empresário ou dos empresários constituídos em sociedade, salvo nas *sociedades de personas*. Isso se chama *nombre comercial*, protegido pelo art. 42 da Lei 3.975 e art. 300 do Código Comercial, ambos argentinos.[320]

Dessa forma, outro cuidado que deve ser tomado quando da formação do nome empresarial é quanto aos princípios da veracidade e da novidade, tendo em vista o disposto no art. 34 da Lei do Registro Público das Empresas Mercantis e Atividades Afins. Mesmo para o registro de marca, a LPI prevê que não é registrável como marca "nome civil ou sua

---

[318] ZAVALA RODRÍGUEZ, Carlos Juan. **Derecho de la empresa**. 1971. p. 262.

[319] **Tradução livre**: "a razão social ou a denominação de cada sociedade que deverá ser claramente distinguida da de qualquer outra constitui uma propriedade sua e não pode ser adotada por nenhuma outra."

[320] ZAVALA RODRÍGUEZ, Carlos Juan. Op. cit. p. 263.

assinatura, nome de família ou patronímico, salvo com consentimento do titular, herdeiros ou sucessores", caso que se assemelha à construção do nome empresarial. Logo, o empreendedor, futuro empresário, deverá se cercar de todos os cuidados na criação de um nome empresarial que atente às exigências legais. Esta regra vale para os nomes empresariais de todas as espécies de empresas, inclusive para a sociedade anônima, que é regida por lei própria.

Todo cuidado é pouco na escolha e elaboração do nome empresarial, tendo em vista que nos Estados Unidos "perto de 2.000 nomes de corporações são mudados anualmente, em grande parte porque o nome abandonado não reflete mais o negócio da empresa"[321], ou porque são alvo de ações judiciais em detrimento à colidência entre nomes empresariais e entre nomes empresariais e marcas.

Como preleciona Houpin, em seu *Traité general des societes civiles et commerciales*,

> uma sociedade, de posse de uma denominação, tem o direito de impedir outra sociedade, fundada posteriormente, de tomar uma denominação semelhante: assim, o Banco de Paris e dos Países Baixos pode impedir outro banco de tomar a denominação de Banco de Paris. [322]

Com o advento do Decreto nº 916, de 24 de outubro de 1890, criou-se no Brasil o *registro das firmas ou razões comerciais*, após o momento histórico porque passou o país, com sua participação originária em 1880 da Convenção da União de Paris para a proteção da propriedade industrial, finalizada e assinada em Paris em 20 de março de 1883, cuja revisão foi incorporada ao direito interno através do Decreto nº 9.233, de

---

[321] AAKER, David A. **Marcas**. *Brand equity*. Gerenciando o valor da marca. 1998. p. 207.

[322] HOUPIN, C. apud SILVA, Oliveira e. **Dicionário das sociedades anônimas**. 1956. p. 306.

28 de junho de 1884, no Brasil Império.[323]

Esse registro (antigas denominações que hoje correspondem a espécies do nome empresarial) foi criado pelo Governo Provisório da República[324]. Apesar de tão antigo, este decreto ainda está em vigor, tendo em vista que nenhuma lei posterior o revogou expressamente[325].

Com a unificação legislativa acerca do Direito Empresarial, o Código Civil trouxe para seu bojo, na Parte Especial, todo o Livro II dedicado ao Direito da Empresa. Assim, o nome empresarial está previsto no Capítulo II, dos arts. 1.155 a 1.168.

Logo, o Código Civil estabelece como deverão ser formados os vários tipos de nomes empresariais, de acordo com o exercício de empresa, se sociedade ou empresário individual, bem como de acordo com as várias espécies de sociedades, determinando se sua constituição será formada por firma ou denominação.

A *firma*[326] é constituída pelo próprio nome do empresário individual, com ou sem acréscimos, ou do sócio, ou sócios, cujos nomes possam figurar na firma social. A *denominação*[327] pode ser constituída de expressão ou expressões de fantasia, não incursas nas proibições legais e expressões que designam o objeto da sociedade ou de nome civil.

---

[323] INPI. **Curso de propriedade industrial**. Patentes e desenho industrial. 1999. passim.

[324] RUSSO, Francisco; OLIVEIRA, Nelson de. **Manual prático de constituição de empresas**. 2000. p. 17. (Esta edição de 2000 não está atualizada de acordo com as novas leis vigentes - 1996 e 1998 - que regulam a matéria, bem como com o posterior Código Civil de 2002).

[325] O atualizador de Rubens Requião preleciona que o Decreto 916/1890 foi "tacitamente" revogado pelo novo Código Civil, o que não é nosso entendimento, permanecendo em pleno vigor, por falta de revogação expressa. Cf. REQUIÃO, Rubens. **Curso de direito comercial**. 2003. v.1. p. 225.

[326] FIRMA. Definição do autor, de acordo com o novo Código Civil.

[327] DENOMINAÇÃO. Definição do autor, de acordo com o novo Código Civil.

Como se verifica, o nome empresarial, além de elemento que identifica a empresa legalmente, judicial e extrajudicialmente, ou seja, desde sua constituição, é o nome pelo qual o empresário individual ou sociedade será identificado pelos órgãos de registro, desde as Juntas Comerciais, onde o registro foi processado e arquivado, como perante o fisco, notadamente na inscrição da nova pessoa jurídica junto à Receita Federal, para os efeitos de cadastramento no Cadastro Nacional de Pessoas Jurídicas (CNPJ), à Receita Estadual, bem como junto às Prefeituras Municipais e outros órgãos da administração pública, para efeitos de licenciamentos, autorizações, tributação etc.

Também, o nome empresarial será aquele utilizado perante as atividades de obtenção de crédito junto às instituições financeiras, aos fornecedores, etc., de forma que se usarão, neste último caso, além do próprio nome empresarial, outros dados cadastrais da empresa, como o n° de inscrição no CNPJ, Inscrição Estadual, etc., como acontece com as pessoas físicas, que além do nome civil, possuem um documento de identificação como o Registro Geral (RG) ou equivalente, bem como o CPF.

Perante o público consumidor, nem sempre o nome empresarial exerce algum papel de elemento de identificação, porquanto na maioria das atividades empresariais estas são conhecidas por outros elementos de identificação, como a marca, o título de estabelecimento e a insígnia. Porém, nos casos em que verse qualquer contenda judicial, qualquer caso cuja violação seja prevista em lei, como as relações de consumo, por exemplo, será sempre o nome empresarial pelo qual a empresa será legalmente identificada.

Dada a grande importância que o Direito do Consumidor (CDC) vem alcançando, cada vez mais, em nossos dias,

> as preocupações com a proteção ao consumidor de há muito deixaram de ser *novidade* (a não ser, talvez, em

certas áreas do nosso meio social), posto que nos países mais desenvolvidos, trata-se de tema que há vários anos vem sendo estudado e discutido, com repercussões além dos lindes doutrinários, também no plano legislativo e no judiciário tomando com o tempo uma dimensão universal, do qual são exemplos várias resoluções de âmbito internacional, como as da ONU.[328]

Destarte, não é no todo difícil imaginar as relações e implicações do nome empresarial nos contratos que envolvem relações de consumo, bem como em todas as outras atividades empresariais. Do ponto de vista consumerista, o próprio Código do Consumidor[329] cuida das questões atinentes ao uso indevido do nome empresarial, visando proteger os consumidores nas relações de consumo, como se verifica no art. 4º [330], inciso VI, que assim dispõe:

> VI - coibição e repressão eficientes de todos os abusos praticados no mercado de consumo, inclusive a concorrência desleal e utilização indevida de inventos e criações industriais, das marcas e nomes comerciais e signos distintivos, que possam causar prejuízos aos consumidores.

Na lição dos autores do anteprojeto do Código de Defesa do Consumidor quanto à coibição e repressão de abusos no mercado, o CDC "não cuida apenas deste, mas também de outro protagonista das *relações de consumo*".

---

[328] BULGARELLI, Waldirio. **Questões contratuais no código de defesa do consumidor**. 1999. p. 21.

[329] BRASIL. Lei n.º 8.078, de 11 de setembro de 1990.

[330] CDC. Art. 4º - A Política Nacional de Relações de Consumo tem por objetivo o atendimento das necessidades dos consumidores, o respeito à sua dignidade, saúde e segurança, a proteção de seus interesses econômicos, a melhoria de sua qualidade de vida, bem como a transferência e harmonia das relações de consumo, atendidos os seguintes princípios: (e seus incisos I à VIII).

E, ao dizer o inc. VI do art. 4º que a política nacional das sobreditas relações se funda na coibição e repressão eficientes de todos os abusos praticados no mercado de consumo, inclusive a concorrência desleal e utilização indevida de inventos e criações industriais, das marcas e nomes comerciais e signos distintivos que possam causar prejuízos aos consumidores, o que, em última análise, se busca é a almejada *ordem econômica*, prevista pelo art. 170 da Constituição Federal.

Dessa forma, o Código de Defesa do Consumidor alia-se às normas estabelecidas pelo Código da Propriedade Industrial, bem como às Leis de Defesa Econômica (CADE), que pretendem conferir maior agilidade ao combate aos trustes e cartéis, esforço esse que visa ao livre mercado e à livre concorrência, com o que somente têm a lucrar consumidores e fornecedores de bens e serviços.[331]

Por derradeiro, o objetivo deste primeiro item sobre o nome empresarial foi apresentá-lo como um dos elementos de identificação da empresa, e por conseguinte, apresentar sua obrigatoriedade, necessidade e a importância, tendo em vista o exercício legal das atividades empresariais.

2- Marca

Para a Lei da Propriedade Industrial[332], marcas são "sinais distintivos visualmente perceptíveis, não compreendidos nas proibições legais"[333], "usadas para distinguir produto ou serviço de outro idêntico, semelhante ou

---

[331] GRINOVER, Ada Pellegrini; et al. **Código brasileiro de defesa do consumidor**. Comentado pelos autores do anteprojeto. 2004. pp. 86-87.

[332] BRASIL. Lei 9.279, de 14 de maio de 1996.

[333] Art. 122 da LPI.

afim, de origem diversa".[334]

A Organização Mundial da Propriedade Intelectual (OMPI), em seu glossário, assim define marca:

> *Marque: Une marque est un signe, ou une combinaison de signes, servant à distinguer les produits ou services d'une entreprise de ceux d'autres entreprises. Ce signe peut notamment être constitué par un ou plusieurs mots, lettres, nombres, dessins ou images, emblèmes, couleurs ou combinaisons de couleurs distinctifs, ou être tridimensionnel et tenir à la forme du récipient ou de l'emballage du produit (pour autant qu'elle ne soit pas uniquement dictée par leur fonction). Il peut aussi être constitué par des combinaisons de n'importe lesquels de ces éléments.* [335]

Dentre outras leis nacionais e estrangeiras que dispuseram sobre marcas, Waldemar Ferreira destaca a lei belga, que definiu *marca* com bastante simplicidade: "todo sinal que serve para distinguir os produtos duma indústria ou os objetos dum comércio".[336]

Já a *marca registrada* é a simples evidência de que um sinal, um nome ou outro elemento foi registrado como marca junto ao INPI, e sua proteção se insere em sua respectiva classe.[337] Logo, a simples constatação de que uma marca é registrada, implica que seu titular tem direito ao seu uso exclusivo em todo o território nacional, excluindo terceiros não autorizados desse

---

[334] Art. 123, I, da LPI.

[335] *MARQUE*. In: OMPI. **Glossaire**: *Termes et définitions*. 2002. p. 39. **Tradução livre**: "Marca: A marca é um signo, ou combinação de signos, que serve para distinguir os produtos ou serviços de uma empresa das de outras empresas. O signo pode estar formado em particular por uma ou várias palavras distintivas, letras, números, desenhos ou imagens, emblemas, cores ou combinações cores distintas, podendo ser tridimensional, como a forma de recipiente ou embalagem de produto (sempre que não seja mera consequência de sua função). O signo pode estar formado também por combinações daqueles elementos."

[336] FERREIRA, Waldemar. **Tratado de direito comercial**. 1962. v. 6. p. 264.

[337] DOMINGUES, Douglas Gabriel. **Marcas e expressões de propaganda**. 1984. p. 95.

uso, no que implica que o uso indevido constitui ato ilícito, regulado pelos crimes contra a propriedade industrial, mais especificamente os crimes contra as marcas.

Numa visão geral, Miller e Davis assim prelecionam no capítulo sobre a diluição e a expansão da doutrina da marca registrada:

> *At common law, a trademark was intended primarily to distinguish between different sources so that the consumer would not be confused between similar products. In a market that has evolved to the point at which the consumer probably neither knows nor cares exactly who the producer is, the trademark serves a substantially different function. In a market composed of anonymous sources, trademarks are treated not so much as identifying the particular source but, rather as indicating a common (though anonymous) source of ownership such as a product line. The trademark tends to trade on consumer loyalty instead of producer identity. It attributes to the product the image upon which the trademark is based. The reaction of the consumer is central. The consumer may prefer a certain product not because the trademark has identified a source whom the consumer values, but because the trademark itself has a certain value.*[338]

---

[338] MILLER, Arthur R.; DAVIS, Michael H. **Intellectual property**: *Patents, trademarks, and copyright*. 1990. p. 180. **Tradução livre**: "Para a lei ordinária, uma Marca Registrada pretende primeiramente distinguir entre diferentes fornecedores para que o consumidor não se confunda entre produtos similares. Em um mercado que tem envolvido para o ponto o qual o consumidor provavelmente não conhece nem se preocupa exatamente quem é o produtor, a marca registrada serve para uma substancial função diferente. Em um mercado composto por fornecedores anônimos, marcas registradas são tratadas não tanto para identificar o fornecedor particular, mas de preferência como identificação à um fornecedor comum (embora anônimo) de propriedade como uma linha de produtos. A marca registrada cria no consumidor lealdade ao invés de identificar o produto. Ela atribui ao produto a imagem sobre a qual a marca registrada é baseada. A reação do consumidor é central. O consumidor pode preferir um certo produto não porque a marca registrada identifica um fornecedor, mas porque a marca registrada, ela mesma tem um certo valor."

A lei brasileira ainda consagra três espécies de marcas, de acordo com sua natureza: marcas de produtos ou serviços, marcas de certificação e marcas coletivas.[339] Quanto a sua apresentação, as marcas podem ser nominativas, figurativas, mistas e tridimensionais[340].

Ainda que se esteja tratando do assunto "marca" de forma bastante abreviada, este breve apontamento sobre o objeto deste item objetiva uma noção geral, porquanto recomenda-se o aprofundamento do estudo para uma compreensão maior do direito de marcas.

Embora no segundo degrau na escala dos elementos identificadores da empresa, a marca é um dos elementos de identificação mais importantes, senão o mais importante, pois normalmente é pela marca que a empresa é mais conhecida em seu ramo de negócios ou no mercado consumidor, e muitas vezes através de uma marca forte ou uma marca fraca pode-se determinar o sucesso ou insucesso de um empreendimento.

"Se um instituto não se sobrepõe ao outro; se não há, entre ambos, distinção hierárquica; tem-se que, *marca e nome comercial gozam de proteção legal em iguais condições*." Assim é que ressalta-se a importância de ambos os institutos, não desprezando, contudo, o *título de estabelecimento*, nem tampouco a *insígnia*. "Se assim não o fosse, a lei cuidaria de deixar definida à clara tal distinção", como o fazia, "por exemplo, com relação às expressões e sinais de propaganda".[341]

---

[339] **Art. 123** - Para os efeitos desta lei, considera-se: **I - marca de produto ou serviço**: aquela usada para distinguir produto ou serviço de outro idêntico, semelhante ou afim, de origem diversa; **II - marca de certificação**: aquela usada para atestar a conformidade de um produto ou serviço com determinadas normas ou especificações técnicas, notadamente quanto à qualidade, natureza, material utilizado e metodologia empregada; e **III - marca coletiva**: aquela usada para identificar produtos ou serviços provindos de membros de uma determinada entidade.

[340] INPI. **Curso de propriedade industrial**. Marcas. 1994.

[341] PINHO, Ricardo. **A aplicação do princípio da especialidade aos nomes comerciais**. 1994. p. 34.

Quanto à marca em si, como alguns autores de áreas diversas ao Direito, como publicidade, propaganda ou *marketing*, do ponto de vista de quem cria ou mesmo trabalha para tornar conhecida a marca, chamam sua parte nominativa de "nome da marca". Quando se verifica as denominações que podem compor uma marca ou um nome empresarial, devemos levar em conta o seguinte:

> O nome é o indicador essencial da marca, a base tanto para os esforços de conhecimento, como de comunicação. Muitas vezes mais importante ainda é o fato de que pode gerar associações que servem para descrever a marca – o que ela é e o que faz. Em outras palavras, o nome pode realmente formar a essência do conceito de marca.[342]

"A criação de uma marca é importante demais para ser relegada a uma sessão de *brainstorming* entre algumas pessoas em volta da mesa ou no restaurante", pois esta poderá determinar o futuro da empresa. "Ademais, uma marca é muito mais permanente do que a maioria dos outros elementos de um programa de *marketing*". Isso porque uma placa, um luminoso, uma embalagem, um cartão de visitas ou papel timbrado podem ser modificados com muito mais facilidade do que uma marca.[343]

Um critério primordial é escolher um nome que esteja disponível para ser registrado como marca. A marca gerada para estabelecer um negócio, uma nova empresa, mas que por não ter sido verificada anteriormente e não poder ser defensável legalmente, por ser marca registrada de terceiro, terá que ser mudada ou até mesmo licenciada, acarretando enormes custos e muita "dor de cabeça". A marca deve ser diferente da marca ou do nome dos concorrentes, e tem que ser mais que

---

[342] AAKER, David A. **Marcas**. *Brand equity*. Gerenciando o valor da marca. 1998. p. 197.

[343] Ibid. p. 197-198.

simplesmente descritivo do produto ou serviço. "Um nome usado comercialmente por uma empresa é protegido contra outros concorrentes cujos consumidores em parte coincidem".[344]

Logo, a marca ocupa um grau de importância que deve ser reconhecido pelo empresário, pois além de ocupar lugar de destaque dentre os institutos tutelados pelo Direito da Propriedade Industrial, alguns doutrinadores se ocupam do tema como se pudesse ser um Direito próprio, ou distinto, denominando-o de Direito Marcário ou Direito de Marcas.

Destarte, na organização do plano de negócio o empreendedor deve, além do nome empresarial, se preocupar com a marca que irá usar para identificar seus produtos, serviços ou empresa, lembrando que muitas vezes a denominação de fantasia que é empregada para constituir o nome empresarial pode ser utilizada como marca, porém, antes disso, deve verificar se a marca está disponível junto ao cadastro nacional de marcas do INPI.

Seria muito arriscado o empreendedor primeiro constituir a sociedade, a empresa, e deixar para depois as decisões importantes quanto à marca; porém, se esta não for influenciar na construção do nome empresarial, poderá, então, deixá-la para segundo plano. Caso pretenda usá-la como componente do nome empresarial e não tomar as devidas providências durante a constituição do negócio, poderá, depois, o empresário ou a sociedade, se deparar com a notícia de que usa indevidamente marca registrada por terceiro e ter, quando já estabelecido e conhecido no mercado, que mudar sua marca, ou ainda, seu nome empresarial.

Dado o grau de importância que é conferido à atividade econômica e social em âmbito global, e por que não dizer empresarial também?, além da proteção legal conferida por lei, a marca registrada é considerada em nosso Direito como

---

[344] Ibid. p. 204-205.

propriedade, garantida pela Constituição Federal em seu art. 5º, XXIX, bem como *bens móveis*, pelo art. 5º, da LPI.[345] Assim, a marca registrada passa a incorporar o patrimônio da empresa, em conjunto com os demais bens incorpóreos, que constituem o *fundo de comércio*.

Como ocorre com o nome empresarial, citado no item anterior, o próprio Código do Consumidor faz alusão, no mesmo art. 4º, VI, à marca, tendo em vista o interesse social e econômico e, principalmente, para determinar políticas de proteção ao consumidor.

A marca tem tanto destaque em nossa vida cotidiana que basta sairmos caminhando pelas ruas e avenidas da cidade e, mesmo que sem observarmos muito atentamente, sempre vamos encontrar a presença de marcas, quer sejam em luminosos, letreiros ou ainda em placas pintadas à mão, ou até mesmo na própria parede do estabelecimento, nas fachadas de casas comerciais, em *outdoors*, em veículos que trafegam pelas rodovias ou em seu próprio veículo, quer a marca da indústria que o montou, ou a marca do próprio modelo do carro, do pneu do carro... etc.

Entrar num supermercado, então, um verdadeiro festival de marcas. Enfim, a marca está constantemente presente em nossas vidas, mesmo em outras áreas que não o comércio, a indústria ou serviço, ou também no chamado terceiro setor.

Mesmo os autores literários, que muitas vezes criam verdadeiras obras de arte escritas, têm a preocupação de ambientar no tempo e no espaço suas personagens e sua história ou contexto histórico com fundadas pesquisas de época, criando um "pano de fundo" onde se desenvolve seu trabalho, sua trama, dentro de um ou mais estilos literários.

Isso se percebe, muitas vezes, pela riqueza de detalhes que dão a verdadeira importância para certos aspectos reais e

---

[345] Art. 5º da Lei 9.729/96 - Consideram-se bens móveis, para os efeitos legais, os direitos de propriedade industrial.

importantes que conhecemos ou deveríamos conhecer, bem como a coerência com que se desenvolve o texto. É o que acontece com o clássico que só foi superado pela Bíblia em sua época, e continua vendendo milhares e milhares de exemplares até hoje, e tem como personagem principal Hafid, um cuidador de camelos que, na época de Jesus Cristo, para conquistar sua amada, Lisa, aprende com Pathros a arte do comércio e se torna *o maior vendedor do mundo.*

> Hafid continuou a abrir a vestimenta até encontrar a pequena estrela bordada no tecido... a marca Tola, cujo símbolo compunha as roupas vendidas por Pathros. Próximo à estrela, um círculo bordado dentro de um quadrado... a marca de Pathros. [346]

Como se percebe no excerto acima, ainda que na literatura, tem-se uma nítida ideia da importância da marca e que, através dela, podemos distinguir o produtor ou o vendedor (comerciante), com o intuito de distinguir mercadorias e fornecedores, bem como para distinguir a origem das marcas.

Em seu *Tratado*, Waldemar Ferreira destacou o seguinte:

> O emprego de marcas assinaladoras de coisas parece ser tão antigo quanto o homem. No seu nomadismo primitivo e especialmente na sua fase pastoril, marcas se usaram a fim de identificarem-se os seus rebanhos. De um lado, para assegurar a propriedade de cada qual; de outro, para facilitar os seus negócios sobre eles. Funcionariam, por este aspecto, como marcas de comércio, indicadoras da procedência dos produtos animais. Assim entre os pastores da Arábia, como entre os da Caldéia.[347]

Historiadores e arqueólogos descobriram inúmeros

---

[346] MANDINO, Og. **O Maior vendedor do mundo**. 1989. p. 117.

[347] FERREIRA, Waldemar. **Tratado de direito comercial**. 1962. v. 6. p. 253. Cf.: SOARES, José Carlos Tinoco. **Direito de marcas**. 1968. p. 12.

"exemplares da indústria cerâmica da antiguidade greco-romana: potes, vasos e outros produtos, revestidos de marcas, *sigillum*. Nomes por extenso, iniciais, símbolos, emblemas".[348]

Na lição de Bento de Faria, de seu clássico *Das marcas de fabrica e de commercio e do nome commercial*, se extrai o seguinte trecho:

> *O emprego de um signal para tornar patente a propriedade da cousa movel ou semovente, ou para indicar o operario que fabricou determinado objecto, e a apposição de uma marca para assignalar e garantir um novo genero de industria, representativo de trabalho assiduo e laborioso, cujos productos, acudindo ao concurso, revestidos da boa fé e lealdade, vêm servir á collectividade, no justo empenho de melhor satizfazer a uma necessidade — são funcções inteiramente diversas e diametralmente opostas.[349]*

Continua o autor em sua preleção, escrevendo que Marafy, ao estudar a matéria vai bem longe, afirmando que "as marcas de fábrica e de comércio, em sua origem, confundiram-se com as *marcas de propriedade*, especialmente com os sinais empregados pelos povos pastores para marcar os seus rebanhos"[350].

> *Partindo, porém, dos Hebreus e dos Gregos, observa-se, entre esses povos, que todos seus artefactos de barro traziam não só a marca do operario que os fabricava como tambem a do fornecedor do material empregado na respectiva fabricação.[351]*

Foram encontramos sinais claros da existência da ideia de marca como conhecemos hoje, na Antiguidade, como se comprova pela leitura atenta do Código de Hammurabi,[352] que

---

[348] FERREIRA, Waldemar. Op. cit. p. 253.

[349] BENTO DE FARIA, Antonio. ***Das marcas de fabrica e de commercio e do nome commercial***. 1906. p. 10.

[350] Ibid. p. 12.

[351] Ibid. p. 12.

[352] "O Código de Hammurabi encontra-se gravado em uma estela de diorito escuro, de 2,25 m de altura e base com circunferência de 1,90 m, na qual se lêem com facilidade 282 "artigos", escritos em acádico, tal como as leis de

já entre 1792-1750 a.C. (quase 4.000 mil anos atrás), com o intuito de identificar e distinguir "bens" móveis ou semoventes, o homem já se atribuía de um sinal distintivo (marca) com o visível propósito de atestar a propriedade, a origem; enfim, o propósito de marcar já vinha associado à ideia de propriedade. Embora os artigos abaixo tratem da *marca de escravo*, que o liga a seu senhor, este tipo de marca é utilizada até hoje para marcar gado, para distingui-lo de outros.

> 226 - Se um barbeiro, sem o conhecimento do dono do escravo, raspou a marca de um escravo que não é seu, cortarão a mão desse barbeiro.[353]

> 227 - Se um *awilum* coagiu (?) um barbeiro e ele raspou a marca de um escravo que não é seu, matarão esse *awilum* e o suspenderão em sua porta; o barbeiro deverá jurar: "Eu não raspei deliberadamente" e será livre.[354]

Como se verifica, de alguma forma intuitiva, mesmo na Pré-História o homem buscou sinais para marcar seu território, seus animais, seus escravos, suas armas, ferramentas e utensílios. Na Antiguidade, como se observa pela constatação da existência da ideia de marca já "registrada" nos arts. 226 e 227 do Código de Hammurabi, o homem sempre buscou a marca como forma de identificação, como se verifica nitidamente na Idade Média, através da evolução da arte da heráldica, com a criação de brasões de família, inicialmente utilizadas nos escudos dos cavaleiros, para distingui-los no

---

Eshnunna. Foi encontrado na cidade de Susa, capital do Elão, em expedição arqueológica de 1901, provavelmente para ali sendo levada como troféu de guerra. Nessa pedra aparece a figura do Rei Hammurabi, em pé, recebendo de Shamash, o deus do sol e da justiça, as insígnias reais, muito embora o principal *dingir* da Babilônia fosse Marduk. Foi decifrado por Vincent Scheil, já em 1902, pouco após sua descoberta." Cf. PEDROSA, Ronaldo Leite. **Direito em história**. 2000. p. 86.

[353] Código de Hammurabi. Cf. BOUZON, Emanuel. **O código de Hammurabi**. 2001. p. 192.

[354] Ibid. p. 193.

campo de batalha. Assim, pode-se dizer que "o Homem produz cultura: produz objetos e ideias de acordo com suas necessidades de sobrevivência".[355]

A prática de marcar os escravos, porém, só foi abolida definitivamente, por derradeiro, com a Constituição Política do Império do Brazil, de 25 de março de 1824, em seu art. 179, inciso XIX, que ora se transcreve: "Desde já ficam abolidos os açoites, a tortura, a marca de ferro quente, e todas as mais penas cruéis".[356]

É inegável que o desenvolvimento da ciência e da arte heráldica na Idade Média contribuiu decisivamente para o aperfeiçoamento da marca como hoje conhecemos. Tendo em vista que o homem sempre buscou se distinguir através de sinais particulares, tais sinais acabariam por se fixar e, por conseguinte, contribuindo no surgimento das "armas de família", também conhecidas por "brasão de família".[357]

A expressão brasão, que deriva do alemão, quer dizer buzina, corneta, som alto. Brasonar, nos antigos torneios de justa, significava que os arautos apresentavam em voz alta para a realeza e nobreza, e para o público, os cavaleiros que iriam se enfrentar e, em especial, descreviam as armas de família estampadas nos escudos. Com as diversas adaptações e transformações da palavra, em língua portuguesa, ficou brasão.[358]

> É necessário fazer distinção entre a *ciência heráldica*, que tem por objeto o estudo das armas, sua composição, sua história, o modo de descrevê-las e usá-las, as leis e as

---

[355] AQUINO, Rubim Santos Leão de; et. al. **História das sociedades**. Das Comunidades Primitivas às Sociedades Medievais. 1986. p. 4.

[356] BRASIL. **Constituição de 1824**. Cf. CAMPANHOLE, Adriano; CAMPANHOLE, Hilton Lobo. **Todas as constituições do Brasil**. 1976. pp. 542 e 543.

[357] MATOS, Gastão de Mello de; BANDEIRA, Luís Stubbs Saldanha Monteiro. **Heráldica**. 1969. passim.

[358] REIS, Josué Calander dos. **Noções da arte da armaria**. 1962. p. 22.

tradições a que estão submetidas, e a *arte heráldica*, que consiste propriamente na maneira de representá-las. Os brasões são os emblemas hereditários e convencionais que as comunidades ou famílias adotaram como sinais distintivos.[359]

Observa-se que a ideia dos brasões é quase que a mesma da marca, tanto nos aspectos de emblema como no de sinal distintivo, assim, podendo afirmar que a *marca* e mesmo a *insígnia* sofreram severas transformações se desenvolvendo até os nossos dias.

> No final do século XIII e particularmente no século XIV, o brasão passou da terra para a família e acompanhava-a mesmo após a perda do feudo. Pertencia à família. Era marca de propriedade, que podia ser colocada em todos os objetos, mas não perdia seu caráter militar. Nos séculos XIV e XV, essas tendências se consolidaram.
>
> Camponeses, mercadores e burgueses, a partir do século XIII, usaram seus próprios brasões, embora não timbrados, assim como as comunas e as corporações.[360]

Nesse sentido, pode-se notar acima a ideia comum entre brasão e sinal distintivo, bem como abaixo, a mesma ideia comum entre marca e propriedade:

> Ao lado das armas de famílias, existem brasões de cidades, de coletividades, de ordens religiosas, de universidades.
>
> O brasão já não passava de marca de propriedade.
>
> Convém dizer que era a mais pessoal e a mais agradável das marcas de propriedade.[361]

Segundo Waldemar Ferreira, foi nos tempos medievais

---

[359] BRASÃO. **Enciclopédia Delta-Larousse**. 1964. v. 3. p. 646.

[360] Ibid. p. 646.

[361] Ibid. p. 647.

em que o comércio adquiriu um importante e relevante papel econômico, a partir de quando a marca veio se revestindo de um sentido jurídico.[362]

Na lição de Bento de Faria, além do importante caráter jurídico apontado por Ferreira, a marca passou a ter também um aspecto social, como se pode verificar:

> É somente na Idade Média que a marca aplicada aos objetos da indústria e do comércio, conservando o seu caráter de sinal distintivo imposto pela necessidade, adquire uma significação, por assim dizer, oficiosa, e assume uma verdadeira função social.[363]

Nessa sequência, com o fim de confirmar a importância da marca, aduzindo aspectos algumas vezes históricos, é que se busca na doutrina não só sua origem, mas o grau de importância que ela determina para a empresa, seu produto ou serviço. Assim, Tinoco Soares preleciona que:

> Verificou-se que já nas Corporações de Artes e Ofícios que a preocupação não era outra, senão a de assinalar a propriedade móvel ou semovente, ou o operário que fabricou determinado objeto, pela aposição de uma marca. Neste particular, então, o sinal uniforme que identificava um certo ramo de indústria ou determinado produto não pertencia propriamente à pessoa, mas sim a uma classe. No entanto, essa fase não foi demasiada longa.[364]

Tinoco Soares prossegue em sua lição, citando Bento de Faria, do qual se extrai diretamente da fonte, sobre a evolução da marca:

> assim, a marca passou a ser considerada como um meio para lutar contra a concorrência, associando-se à ideia

---

[362] FERREIRA, Waldemar. **Tratado de direito comercial**. 1962. v. 6. p. 256.

[363] BENTO DE FARIA, Antonio. *Das marcas de fabrica e de commercio e do nome commercial*. 1906. p.15.

[364] SOARES, José Carlos Tinoco. **Direito de marcas**. 1968. p. 13.

de melhorar a fabricação dos produtos congêneres, em proveito de um ou de outro fabricante.[365]

Com o surgimento da imprensa por Gutenberg[366], podemos dizer que houve uma grande revolução na transmissão de ideias e do conhecimento, acessível a um número cada vez maior de pessoas através da impressão de livros, depois de jornais e revistas, folhetos publicitários, enfim, uma gama incontável de veículos de comunicação impressa, muitas vezes acompanhados da utilização de marcas, bem como veiculando marcas. Nos dias atuais a nova quebra de paradigma foi a internet e os documentos digitais.

A utilização das marcas, porém, se animou com o advento da Revolução Francesa,[367] quando de certa forma se

---

[365] BENTO DE FARIA, Antonio. Op. cit. p.15.

[366] Gutenberg, cujo nome completo era Johannes Gensfleisch, foi um impressor alemão nascido em Mogúncia entre 1394 e 1399 e falecido na mesma cidade em 1468. Ele estabeleceu-se em Estrasburgo em 1434 e, por volta de 1440, foi responsável pela invenção da tipografia, também conhecida como a técnica de composição por caracteres móveis. Após retornar a Mogúncia em 1448, Gutenberg fez parceria com Johann Fust e produziu a famosa Bíblia de quarenta e duas linhas, um marco importante na história da impressão e da difusão da informação. KOOGAN; HOUAISS. **Enciclopédia e dicionário ilustrado**. 1998.

[367] A Revolução Francesa (1789-1799) representa um conjunto de movimentos revolucionários que transformaram radicalmente a França, encerrando o antigo regime da monarquia francesa. Essa revolução teve início com a convocação dos Estados Gerais em Versalhes, em 5 de maio de 1789, seguida pela formação da Assembleia Nacional pelos representantes do Terceiro Estado, em 17 de junho. Nos dez anos subsequentes, a França foi governada por diferentes órgãos, começando pela Assembleia Nacional Constituinte, que aprovou a Constituição de 1791. A Assembleia Legislativa, por sua vez, tentou estabelecer uma monarquia constitucional, mas depois destituiu o rei Luís XVI de suas funções e declarou guerra à Áustria, em 1º de agosto de 1792. A Convenção Nacional, em seguida, proclamou a República em 21 de setembro de 1792. Posteriormente, o Diretório assumiu o poder de 26 de outubro de 1795 a 9 de novembro de 1799, movendo a França em direção a uma república burguesa antes de abrir caminho para Napoleão Bonaparte, que se tornou o primeiro-cônsul e mais tarde o imperador Napoleão I, entre 1804 a 1814. KOOGAN; HOUAISS. Op. cit. 1998.

afrouxou os monopólios concedidos como privilégios pelos soberanos, vendo no Código Napoleônico um grande desenvolvimento do comércio e relações comerciais mais liberais. Assim, a França elaborou o primeiro Código Comercial que teve como precedente duas conhecidas *Ordenanças*, onde foram consolidados por Luiz XIV os princípios do Direito Comercial. A primeira *Ordenança*, de 1673, é relativa ao comércio terrestre e a segunda, de 1681, é relativa ao comércio marítimo.[368] Já o Código Comercial francês, publicado em 1807, foi restaurado em 1814, após a queda de Napoleão[369].

> Desde a Renascença até a Revolução Francesa, a iniciativa intelectual da Europa determinou o futuro do mundo. Invenções decisivas, na Ciência, na Tecnologia e na Medicina, transcenderam as fronteiras raciais. Além de darem à Europa mobilidade e poder sem precedentes, tais invenções eram exportáveis para toda a parte. [370]

Neste entremeio, a economia mundial sofreu sérias transformações a partir da segunda metade do século XVIII, quando se iniciou, na Inglaterra, a Revolução Industrial. A industrialização se estendeu por todo o mundo, criando novas oportunidades de comércio e consumo, bem como desenvolvimento econômico, além de outros efeitos indesejáveis.

> A expressão *desenvolvimento econômico* significa mudança estrutural além do simples aumento em produção. O desenvolvimento traz consigo o estabelecimento ou a recomposição dos mecanismos fiscal, financeiro e fiduciário. Implica mudanças institucionais no sentido

---

[368] VAMPRÉ, Spencer. ***Tratado elementar de direito commercial***..1921. p. 25.

[369] CARVALHO DE MENDONÇA, José Xavier, **Tratado de direito comercial**, 2000. v. 1. p. 77.

[370] GARCIA, Eduardo. **História da civilização**. 1978. v. 1. p. 11.

preciso de alterações nas leis e em outras regras de conduta, mudanças organizacionais na administração da produção e distribuição e, cedo ou tarde, alterações no estabelecimento, definição e motivação da atividade econômica.[371]

Moore afirma que:

muitas das mudanças sugeridas pela expressão *desenvolvimento econômico* não são, em si mesmas, estritamente econômicas: elas precedem, acompanham, ou são as primeiras consequências das mudanças no lugar de produção, as oficinas e mercados.[372]

Com a Revolução Industrial, primeiro a Europa e depois o mundo viu uma explosão compulsiva da indústria e do comércio e, cada vez mais, os institutos tutelados pela propriedade industrial, como as invenções, os modelos de utilidade, os desenhos industriais, as marcas, as indicações geográficas, ganharam um destaque sem precedentes.

Com isso, se pôde observar que as marcas, em especial, passaram a acompanhar todo e qualquer novo invento, produto ou negócio, se estabelecendo, até hoje, como um sinal distintivo de produtos e serviços, que criam vínculos, em maior ou menor grau, com a mente do consumidor e, por isso, muito estudada pela propaganda e pela publicidade e pelo *marketing*.

"É íntimo o parentesco da publicidade com a marca de produtos ou serviços, uma vez que, via de regra, a publicidade do artigo ou produto implica a publicidade da marca que o distingue".[373] Nos anos 40, as marcas brasileiras tinham uma feição ingênua e primitiva, segundo Hermano Duval, que preleciona que já na década de 70 elas adquiriram uma feição mais agressiva e concentrada.

---

[371] MOORE, Wilbert E. **O impacto da indústria**. Modernização de sociedades tradicionais. 1968. p. 16.

[372] Ibid. p. 16.

[373] DUVAL, Hermano. **A publicidade e a lei**. 1975. p. 13.

Nesse sentido, tendo dado à marca a devida importância ao lado do nome empresarial neste capítulo, a marca como elemento de identificação da empresa somente poderá ser considerada de propriedade da sociedade ou do empresário, se devidamente registrada junto ao INPI, na forma da LPI:

> Art. 129 - A propriedade da marca adquire-se pelo registro validamente expedido, conforme as disposições desta lei, sendo assegurado ao titular seu uso exclusivo em todo o território nacional, observado quanto às marcas coletivas e de certificação o disposto nos arts. 147[374] e 148[375].

A marca não registrada, por sua vez, apesar de assegurar certo direito de precedência ao usuário anterior de boa-fé,[376] não pode ser considerada como propriedade e constituir o patrimônio do utente, nem tampouco de uso exclusivo por sua parte. Logo, a melhor forma de garantir a exclusividade do uso, bem como a propriedade da marca, é o registro.

Para isto, o empresário poderá depositar seu pedido de registro de marca junto ao INPI, bem como contratar os serviços técnicos especializados de um agente da propriedade industrial ou advogado especializado na área.

---

[374] Art. 147 - O pedido de registro de marca coletiva conterá regulamento de utilização, dispondo sobre condições e proibições de uso da marca. Parágrafo único - O regulamento de utilização, quando não acompanhar o pedido, deverá ser protocolizado no prazo de 60 (sessenta) dias do depósito, sob pena de arquivamento definitivo do pedido.

[375] Art. 148 - O pedido de registro da marca de certificação conterá: I - as características do produto ou serviço objeto de certificação; e II - as medidas de controle que serão adotadas pelo titular. Parágrafo único - A documentação prevista nos incisos I e II deste artigo, quando não acompanhar o pedido, deverá ser protocolizada no prazo de 60 (sessenta) dias, sob pena de arquivamento definitivo do pedido.

[376] Art. 129 - Parágrafo 1o.- Toda pessoa que, de boa fé, na data da prioridade ou depósito, usava no País, há pelo menos 6 (seis) meses, marca idêntica ou semelhante, para distinguir ou certificar produto ou serviço idêntico, semelhante ou afim, terá direito de precedência ao registro.

A partir da data em que a marca é depositada até a concessão do registro, ou seja, durante o período que o pedido de registro permanece tramitando no INPI, esta goza de uma expectativa de direito, oponível contra terceiros, após o registro, desde a data da publicação do pedido ou do tempo em que o terceiro dela tomar conhecimento.

Desta forma, pode-se dizer que, em caso de ações judiciais em detrimento ao uso indevido de marca alheia registrada, o período contado a título de possíveis indenizações pecuniárias (reparação civil) conta-se já a partir da data de publicação do pedido na Revista da Propriedade Industrial (RPI) ou da data em que efetivamente se comprove que o terceiro dela tomou conhecimento, mesmo antes do registro, retroagindo assim até a data comprovadamente mais antiga.

Por fim, a marca desempenha um papel fundamental no mundo dos negócios, sendo essencial para a identificação e diferenciação de empresas e produtos no mercado. No entanto, sua propriedade efetiva e a garantia de uso exclusivo apenas são asseguradas por meio do registro junto ao INPI, de acordo com a Lei de Propriedade Industrial. O registro da marca não só confere propriedade à marca e a incorpora no patrimônio do empresário, mas também garante o direito de se proteger contra o uso indevido por terceiros. Portanto, para resguardar a exclusividade do uso e garantir a proteção legal da marca, o investimento no registro é essencial para a segurança e o sucesso a longo prazo de qualquer negócio.

3- Título de Estabelecimento

O terceiro elemento de identificação da empresa é o *título de estabelecimento*, que, embora não haja mais um tipo de registro formal de títulos de estabelecimento, sua proteção é assegurada quando da repressão à concorrência desleal, prevista pela Lei da Propriedade Industrial, bem como não se permitindo o seu registro como marca por terceiros e, ainda, não podendo legalmente fazer parte de nome empresarial de outrem.

O Código de Defesa do Consumidor (CDC) também faz alusão ao título de estabelecimento, tal qual o faz com o nome empresarial e a marca, merecendo um destaque especial dentro da política de relações de consumo, tratada no art. 4º, inciso VI, visando a proteção do consumidor ao rechaçar a concorrência desleal.

Em seu prólogo, Pontes de Miranda faz uma alusão aos sinais distintivos de estabelecimento, quando trata do conceito de título de estabelecimento e insígnia, prelecionando que "o nome civil ou comercial (*lato sensu*) distingue pessoas; o título de estabelecimento e a insígnia distinguem estabelecimentos; as marcas distinguem produtos e serviços".[377]

Assim, Pontes de Miranda conceitua *título de estabelecimento* como sendo:

> denominação com que se faz conhecido e se explora o estabelecimento industrial, comercial ou prestador de serviço. Nome de coisa, porém não o nome do produto ou do serviço. Nem se confunde com nome comercial, que é nome de pessoa, nem com os outros nomes de coisas, de que tratava a lei para as indústrias e o comércio.[378]

Tinoco Soares procura definir *título de estabelecimento* como sendo "a denominação ou quaisquer outros sinais que sirvam para distinguir o estabelecimento comercial, industrial ou agrícola ou relativo a qualquer atividade lícita".[379] Aponta ainda o enunciado pelo art. 95 do Código da Propriedade Industrial (CPI) de 1967: "Constituem títulos de estabelecimento as

---

[377] PONTES DE MIRANDA, Francisco Cavalcanti. **Tratado de direito privado**. 2002. v. 17. p. 193.

[378] Ibid. p. 193.

[379] SOARES, José Carlos Tinoco. **Direito de marcas**. 1968. p. 122.

designações deste, e insígnias, os dísticos[380], emblemas ou sinais utilizados em papéis, correspondência e anúncio".[381]

No Direito brasileiro atual "não se aplica a concepção de diversos autores", na visão de Gabriel Leonardos, "segundo o qual o conceito de nome comercial compreenderia não apenas as firmas e denominações sociais, mas igualmente os títulos de estabelecimento e as insígnias".[382] Assim, o título de estabelecimento como elemento de identificação da empresa é tratado separadamente, como instituto jurídico próprio, autônomo.

Na definição de Leonardos, "o título de estabelecimento é o sinal distintivo da loja ou escritório do comerciante ou industrial."[383]

Como assevera Rubens Requião, a expressão *título de estabelecimento* não se usa no Direito francês, bem como no italiano.[384] Assim presume-se que nossos autores pátrios influenciados pelas doutrinas francesa e italiana, o que era muito comum nos séculos passados e "mesmo ainda hoje", produziram obras de valor inestimável à nossa doutrina, porém relegando o conceito de *título de estabelecimento* e de *insígnia* ao âmbito e compreensão do *nome comercial* (atual *nome empresarial*), como se dele fossem espécies.

Lembra Requião que "o Direito brasileiro sempre foi

---

[380] "*Dístico* ou *letreito* é qualquer inscrição que o comerciante coloca no frontespício de sua casa comercial para chamar a atenção do público e distinguir o seu estabelecimento de outros rivais, do mesmo gênero de comércio, e independe de registro." "Acórdão da 2ª Câmara da Corte de Apelação do Rio de Janeiro, *In:* Revista de Direito, Rio de Janeiro, v. VI, fascículo I, 1907, p. 659". Cf. SANTOS, Theophilo Azeredo. **Manual de direito comercial**. 1972. p. 83.

[381] Art. 95 do Decreto-lei nº 254, de 28 de fevereiro de 1967. Cf. SOARES, José Carlos Tinoco. **Direito de marcas**. 1968. p. 122.

[382] LEONARDOS, Gabriel F. **A proteção jurídica ao nome comercial, ao título de estabelecimento e à insígnia no Brasil**. 1994.p. 5.

[383] Ibid. p. 4.

[384] REQUIÃO, Rubens. **Curso de direito comercial**. 2003 v. 1.. p. 289.

mais minucioso na apresentação legislativa da matéria".[385] O Decreto-lei nº 7.903/45 assim estabelecia em seu art. 114:

> constituem título de estabelecimento e insígnia, respectivamente, as denominações, os emblemas ou quaisquer outros sinais que sirvam para distinguir o estabelecimento comercial, industrial ou agrícola, ou relativo a qualquer atividade lícita[386].

Nessa seara, Waldemar Ferreira afirma que muitos autores sinonimizaram o título e a insígnia do estabelecimento e, dentre eles, Umberto Pipia.[387] Talvez seja essa a razão pela qual a doutrina veio, ao longo do tempo, causando mais confusão do que esclarecendo propriamente o conceito de um e outro, o que a legislação já os tinha bem distintos: título de estabelecimento e insígnia.

O Código da Propriedade Industrial de 1967,[388] "distinguia as duas figuras jurídicas, usando da expressão *título de estabelecimento* para designar o nome deste, isto é: o local, a loja, o armazém, a fábrica", enquanto que destinava "a *insígnia* para nomear os *dísticos, emblemas* ou *sinais* utilizados em papéis, correspondências e anúncios".[389]

Já o CPI de 1969[390] não fazia previsão legal à *insígnia*, tratando tão somente do *título de estabelecimento*, dando sua

---

[385] REQUIÃO, Rubens. Op. cit. p. 289.

[386] BRASIL. Decreto-Lei 7.903, de 27 de agosto de 1945. Instituiu o Código da Propriedade Industrial (CPI de 1945). Este decreto-lei dispunha sobre a proteção, dentre outros institutos da propriedade industrial, da concessão de marcas de indústria e comércio, de nomes comerciais, de títulos de estabelecimentos, insígnias comerciais ou profissionais, de expressões ou sinais de propaganda.

[387] FERREIRA, Waldemar. **Tratado de direito comercial**. 1962. v. 6. p. 196.

[388] BRASIL. Decreto-Lei nº 254, de 28 de fevereiro de 1967, revogado pelo CPI, Decreto-Lei nº 1.005, de 21 de outubro de 1969.

[389] REQUIÃO, Rubens. Op. cit. p. 289.

[390] O CPI de 1969, foi revogado pelo CPI de 1971: Lei nº 5.772, de 21 de dezembro de 1971.

conceituação no art. 86: "Constituem títulos de estabelecimento as designações deste, acompanhadas ou não de siglas, emblemas ou figuras características". Este art. 86 do CPI de 1969, encampou a insígnia no conceito de título de estabelecimento.

Magalhães, em seu magistério, assim preleciona:

> O *título* ou *nome* do estabelecimento se constitui, muitas vezes, pelo nome civil abreviado do proprietário, ou ainda a própria firma da sociedade, ou do objeto do negócio, ou ainda por expressões de fantasia. Exemplos: *Casa Daniel, Casa Leonardo Torres & Cia., Casa da Borracha, A Predileta,* etc. [391]

No entanto, o antigo CPI de 1971, também havia excluído o *título de estabelecimento* do rol de institutos jurídicos registráveis, como também o fez com o nome comercial ou de empresa, mas mantendo-os no rol "das marcas não registráveis", no art. 65, 5, bem como dentre as "expressões ou sinais de propaganda", no art. 76, 4; porém, garantindo sua proteção através da legislação própria, na forma do art. 119.

De igual forma, a nova Lei da Propriedade Industrial[392] (LPI) em vigor, não dispôs sobre o *título de estabelecimento* como um dos institutos registráveis, porém, a lei faz referência a ele quando trata "dos sinais não registráveis como marca", art. 124, V; "dos crimes contra a propriedade industrial: crimes cometidos por meio de marca, *título de estabelecimento* e sinais de propaganda", art. 191; "dos crimes contra indicações geográficas e demais indicações", art. 194; bem como "dos crimes de concorrência desleal", art. 195, V.

Na leitura atenta do acima exposto, pode-se notar claramente a distinção entre *título de estabelecimento* e *insígnia*, atentando para o vocábulo "respectivamente". Logo,

---

[391] MAGALHÃES, Roberto Barcellos de. **Constituição das sociedades comerciais**. 1960. p. 99.

[392] BRASIL. Lei nº 9.279, de 14 de maio de 1996 (revogou o CPI de 1971).

respectivamente, *título de estabelecimento* é constituído das denominações, enquanto que a *insígnia* é constituída dos emblemas ou quaisquer outros sinais.

Para Fran Martins, em seu *Curso de direito comercial, título de estabelecimento* é elemento acessório do nome comercial, como também a antiga expressão *sinais de propaganda*. Como elementos acessórios, o autor preleciona que o nome comercial pode ser utilizado para maior identificação da empresa.[393]

Ainda, Fran Martins afirma que muitos autores consideram o *título de estabelecimento* como *nome comercial*, entretanto era tratado como nome de empresa pelo Código da Propriedade Industrial de 1967, tratando separadamente do *título de estabelecimento*, enquanto que o Decreto n° 24.507/34 considerava o *nome comercial* como *título de estabelecimento*.[394]

Presume-se que, então, de acordo com o tratamento legal da matéria, da maneira de se referenciar os institutos jurídicos como o *nome comercial* e o *título de estabelecimento* é que vários doutrinados os tratavam como sinônimos, incluindo aí, muitas vezes, a *insígnia*, dadas as mudanças na legislação atinente à propriedade industrial no Brasil, causando muitas confusões.

Assim, Fran Martins chama os elementos que servem para distinguir o estabelecimento comercial dos seus congêneres, de *título de estabelecimento* e, segundo ele, aí acrescentando o extinto instituto do *sinal ou expressão de propaganda*, como "acessórios do nome comercial", acrescentando "que, na realidade, servem eles para reforçar a identificação da pessoa jurídica, em princípio dada pela firma ou denominação".[395]

Para o autor, o *título de estabelecimento* é um dos elementos do fundo de comércio e conceitua-o da seguinte forma:

---

[393] MARTINS, Fran. **Curso de direito comercial**. 1979. p. 507.

[394] Ibid. p. 507.

[395] Ibid. p. 507.

Por "título de estabelecimento" entende-se a designação por que o mesmo se torna conhecido perante o público, conste esta denominação de um nome de fantasia ("O Dedal de Ouro", "A Cova da Onça", "Casa Oriente"), de um termo ou expressão relativa às atividades comerciais do estabelecimento ("Tipografia Santos", "Alfaiataria Estrela", "Relojoaria Primor") ou mesmo da firma ou denominação do estabelecimento ("J. Ribeiro & Cia", "Cia. Industrial de Minérios"). Neste último caso, o título de estabelecimento se confunde com o nome comercial.[396]

Destarte, dadas várias definições legais e doutrinárias de *título de estabelecimento*, deve-se considerar que ainda que a LPI busque a proteção deste instituto jurídico quando da repressão à concorrência desleal ou aos crimes contra a propriedade industrial cometidos por meio de *títulos de estabelecimento*, ela não prevê seu registro.

Entretanto, embora não haja um registro próprio para o *título de estabelecimento*, este pode ser registrado pelo seu legítimo titular, como marca, se coincidirem, porém, não poderão ser usados os acréscimos ao nome empresarial que identificam o tipo societário, como por exemplo, Ltda., Cia, SA etc., quando o *título* se revestir do mesmo nome empresarial.

Uma forma de se precaver quanto à utilização do *título de estabelecimento*, quando o empresário optar por seu uso, é antes de tudo verificar se este já não existe como tal, ou como marca ou nome empresarial, através de pesquisas prévias na Junta Comercial e no INPI.

Também, para se acercar da anterioridade, quando do preenchimento dos vários formulários para a constituição da empresa, a inscrição no CNPJ etc., verificar nesses formulários se há um campo para se indicar o *título do estabelecimento* (ou as vezes nome de fantasia), como era comum anteriormente.

---

[396] MARTINS, Fran. **Curso de direito comercial**. 1979. p. 508.

Assim, é conveniente que o empreendedor quando da formalização de seu negócio ou constituição da sociedade, a "abertura da empresa" como é comumente conhecida, já efetue essa anotação, tendo em vista que a mesma poderá servir de prova de anterioridade, quando houver colidência com *título de estabelecimento* de empresa mais nova, pois ainda que em tese não haja "registro" do *título de estabelecimento*, a anotação desde então efetuada corretamente, isso quando possível, se constituirá como prova de anterioridade e, dependendo do caso, de uso.

Contudo, se o empresário ainda não tenha tomado tal providência, poderá fazê-lo atualizando seus dados junto aos órgãos que dispõe de formulários com um campo para o *título de estabelecimento*.

Das várias definições acima apresentadas, conclui-se que o *título de estabelecimento* é a designação pela qual o estabelecimento empresarial se torna conhecido pelo público, pintado na parede ou afixado através de placas ou letreiros na frente ou fachada do estabelecimento.

4- Insígnia

Elemento de identificação pouco conhecido atualmente, quase relegado ao esquecimento, a insígnia é o quarto instituto tratado no presente capítulo, sem contudo, ser menos importante que o título de estabelecimento.

Para Gama Cerqueira, "a insígnia individualiza e distingue o estabelecimento comercial ou industrial",[397] e também acrescenta-se aí o de prestação de serviços que, todos englobados, a terminologia mais moderna a ser utilizada é, sem dúvida alguma, estabelecimento empresarial.

---

[397] GAMA CERQUEIRA, João da. **Tratado da propriedade industrial**. 1946. v. 1. p. 503.

Gabriel Leonardos preleciona que:

> a insígnia é o emblema, consistente em figuras, desenhos, símbolos, conjugados ou não a expressões nominativas (nomes, siglas, etc.), que sirva para distinguir externamente a loja ou escritório do comerciante ou industrial.[398]

O revogado Decreto-lei nº 254, de 28 de fevereiro de 1967, em seu art. 95, muito bem definiu *insígnia*, distinguindo-a perfeitamente de *título de estabelecimento*, como se verifica: "Constituem títulos de estabelecimento as designações deste, e insígnias, os dísticos, emblemas ou sinais utilizados em papéis, correspondência e anúncio".[399]

Ao passo que em 1946, Gama Cerqueira asseverava que: a *insígnia* é "modalidade das mais importantes do *nome comercial*"[400], e em 1956, o tratadista dá a seguinte definição para *título de estabelecimento* e *insígnia*, destacando suas diferenças, sendo um constituído pela denominação e outro pelo emblema, como se observa:

> *Títulos de estabelecimentos*, segundo o conceito legal, são as denominações que servem para "distinguir o estabelecimento comercial, industrial ou agrícola, ou relativo a qualquer atividade lícita"; *insígnias* são os "emblemas ou quaisquer outros sinais" destinados ao mesmo fim.[401]

Assim, anteriormente, o tratadista ensinava que a insígnia sempre tem sido definida "como meio de designação dos estabelecimentos comerciais e industriais de qualquer

---

[398] LEONARDOS, Gabriel F. **A proteção jurídica ao nome comercial, ao título de estabelecimento e à insígnia no Brasil**. 1994. p. 4.

[399] Art. 95 do Código da Propriedade Industrial de 1967. Cf. SOARES, José Carlos Tinoco. **Direito de marcas**. 1968. p. 122.

[400] GAMA CERQUEIRA, João da. **Tratado da propriedade industrial**. 1946. v. 1. pp. 501-502.

[401] IDEM. 1956. v. 2. tomo II, parte III. pp. 333-334.

gênero".[402] Porém, em outra passagem, preleciona que a

> insígnia tanto pode consistir em um nome ou denominação (*insígnia nominativa*), como em desenhos, figuras, emblemas, símbolos, etc. (*insígnia emblemática*), ou na apresentação plástica de uma figura. Pode-se, ainda, combinar elementos nominativos e emblemáticos, ou associar o emblema à denominação correspondente e vice-versa, obtendo uma insígnia *mista*.[403]

Note-se que o tratadista Gama Cerqueira é autor dos mais renomados, dentre outros que admitem, num momento, que a *insígnia* é modalidade do nome comercial e igualmente confunde os dois institutos jurídicos, que não se confundem, e noutro momento os distingue, como assertivamente preleciona o também tratadista Pontes de Miranda, quando afirma que "o conceito de insígnia de modo nenhum se pode incluir no do nome comercial". Ainda, Pontes de Miranda combate o autor Solidôneo Leite, muito citado por Gama Cerqueira, quando diz: "Errou Solidôneo Leite (*Do nome comercial e suas garantias, 26*) em pôr o título de estabelecimento (dístico) e as insígnias como espécies de nome comercial".[404] Cita ainda que Carvalho de Mendonça "livrou-nos de tal confusão".

Carvalho de Mendonça define insígnia como:

> o nome da loja, oficina ou casa comercial no restrito sentido; é a designação emblemática ou nominativa que as individualiza ou especializa, distinguindo-as

---

[402] GAMA CERQUEIRA, João da. **Tratado da propriedade industrial**. 1946. v. 1. pp. 501-502.

[403] GAMA CERQUEIRA, João da. Op. cit. 1946. v. 1. p. 503. No mesmo sentido: SANTOS, Theóphilo Azeredo. **Manual de direito comercial**. 1972. p. 83. Não nos filiamos a este conceito misto, que em nosso ver confunde *insígnia* com *título de estabelecimento*.

[404] PONTES DE MIRANDA, Francisco Cavalcanti. **Tratado de direito privado**. 2002. v. 17. p. 194.

claramente das outras do mesmo ou de diversos gêneros. Muitos a chamam de tabuleta, dístico ou letreiro.[405]

A *insígnia* figura normalmente como sinal distintivo na fachada do estabelecimento comercial, ou do local onde é exercida a atividade empresarial. Ainda observa Carvalho de Mendonça que a insígnia também pode ser aposta nos papéis, nas correspondências, nas mercadorias, etc. Nesse último sentido, pode até se confundir com marca.

Já o autor Tinoco Soares apresenta sua definição de *insígnia*, confundindo-a com *título de estabelecimento* quando assevera que:

> é a denominação característica, emblema ou quaisquer outros sinais que sirvam para distinguir o estabelecimento comercial, industrial ou agrícola, ou relativo a qualquer atividade lícita.[406]

Observa ainda que a insígnia pode se tornar até mais popular que a *firma* do comerciante, proprietário do estabelecimento, pois em torno dela é que se reúne a freguesia. Carvalho de Mendonça, ao citar Pouillet, indica que é "a etiqueta da casa, ligando-se a esta por laços tão estreitos como os que prendem o nome à pessoa, tornando-se, desse modo, objeto de verdadeiro direito de propriedade".[407]

Para Cesare Vivante, a insígnia quando for transferida com o negócio pode atravessar muitos anos, sobrevivendo à *firma* (nome empresarial) do comerciante que vendeu o estabelecimento e mesmo a mudança de muitos proprietários, podendo até perpetuar-lhe a notoriedade[408] antes conquistada,

---

[405] GAMA CERQUEIRA, João da. **Tratado da propriedade industrial**. 1946. v. 1. p. 387. No mesmo sentido: CARVALHO DE MENDONÇA. **Tratado de direito comercial brasileiro**. 1963. v. 5. parte 1. pp. 23-24.

[406] SOARES, José Carlos Tinoco. **Direito de marcas**. 1968. p. 123.

[407] CARVALHO DE MENDONÇA, José Xavier. Op. cit. p. 24.

[408] VIVANTE, Cesare. **Tratatto di diritto commerciale**. 1928. V. III. p. 18.

como é o caso da centenária Casa Colombo, fundada no Rio de Janeiro, em 1894.

No ensinamento de Carvalho de Mendonça,

> a insígnia compõe-se de uma inscrição consistente em designação *emblemática* (sinais, figuras, símbolos, pintados ou esculpidos na frente do estabelecimento) ou *nominativa* (o nome do proprietário e, muitas vezes, nomes de fantasia).[409]

Em trecho de seu *Tratado*, Carvalho de Mendonça não dá a importância para a insígnia como ela tinha antigamente, prelecionando que "a *firma* do proprietário do estabelecimento vale muito mais do que a *insígnia* e basta para atrair e garantir, pelo seu crédito, a freguesia" e, em seguida, fazendo a seguinte alusão:

> Entre os romanos, era a insígnia representada por personagens da Mitologia, por monstros horrendos, por cenas de batalhas e pelo que pudesse impressionar o público ignaro, conforme comprovam as escavações de Pompéia. Na Idade Média, a insígnia já se modificara; constava, comumente, de um quadro de madeira ou de ferro, onde se pintavam objetos, figuras ou quaisquer cenas, balouçando numa haste, fixada na parte superior da entrada da casa comercial. Ainda hoje vemos estes espécimes de insígnia no interior do país, e algumas, ainda que raras, nas capitais dos estados e até no Distrito Federal. Procura-se por esse meio chamar a atenção para a loja ou casa de comércio, imprimindo-a fortemente na memória do público incapaz de conhecê-la pelo nome do proprietário.[410]

Para Pontes de Miranda,

> a insígnia pode ser em *dizeres* ou *simbólica*. Aquela consta de palavra, ou palavras, ou frase, sem ser título; essa, de

---

[409] CARVALHO DE MENDONÇA, José Xavier. Op. cit. p. 25.

[410] Ibid. p. 25.

desenho, emblema, figura ou símbolo. A insígnia em figura única é simbólica (*e.g.*, da Estátua da Liberdade, a do Corcovado). Se o estabelecimento é "Casa Carvalho" e abaixo há o emblema "Vender barato para vender muito", há o título de estabelecimento e a insígnia.[411]

Da citação acima, não muito clara, percebe-se com que facilidade se confunde a matéria. Mais ainda: quando o autor cita a frase "vender barato para vender muito", associado ao título do estabelecimento, pode-se até induzir a erro de definição, porquanto essa frase, para o CPI de 1971, era *sinal ou expressão de propaganda*, porém, por estar na tabuleta ou letreiro, Pontes de Miranda afirma ser *insígnia*.

Ainda, para Carvalho de Mendonça, a *insígnia* não pode se constituir no nome de terceiro que não seja o legítimo dono do estabelecimento, salvo com consentimento deste, a fim de se não utilizá-la na prática de fraude ao público consumidor, nem tampouco atentar ou ofender a moralidade e a ordem pública.

Tal como ocorreu com o *título de estabelecimento*, a *insígnia* não goza mais da proteção através de registro, como outrora. Também a nova LPI não acolhe mais o registro de *sinal ou expressão de propaganda*, como igualmente o CPI de 1971 não mais acolhia o registro de *título de estabelecimento* e *insígnia*. Logo, para buscar a tutela jurídica à *insígnia*, da mesma forma que ocorre com o *título de estabelecimento*, esta poderá ser registrada como marca junto ao INPI, observando as restrições legais, impostas pelo art. 124 da LPI, quando trata dos sinais não registráveis.

Já em fase de conclusão deste tópico, em seu artigo, Pinheiro disserta que "Finochiaro diz, expressivamente: 'Insígnia, firma, marca, podem considerar-se como círculos

---

[411] PONTES DE MIRANDA, Francisco Cavalcanti. **Tratado de direito privado**. 2002. v. 17. p. 194.

concêntricos que abraçam uma esfera sempre maior de relações, usufruindo em consequência de uma tutela legislativa proporcional à sua eficácia territorial'."[412]

Agora concluindo, a fim de uniformizar as definições, pode se considerar que as insígnias são "os dísticos, emblemas ou sinais utilizados em papéis, correspondência e anúncio"[413], destinados a distinguir o estabelecimento empresarial ou relativo a qualquer atividade lícita[414].

5- Sinais ou Expressões de Propaganda

Embora consideremos que os *sinais ou expressões de propaganda* não sejam exatamente um elemento direto de identificação da empresa, estes podem contribuir na identificação indireta, como por exemplo, através da marca da empresa, associando-se assim, *os sinais ou expressões de propaganda* à determinada sociedade ou atividade empresarial.

O primeiro ato legislativo que o Brasil adotou especialmente para regular a matéria, a Lei nº 2.682, de 23 de outubro de 1875[415], não incluiu dentre os institutos registráveis como as marcas, os *sinais ou expressões de propaganda*.

Também, o texto original da Convenção da União de Paris para a proteção da Propriedade Industrial (CUP), aprovado em 1883, não previu o instituto dos *sinais ou expressões de propaganda*, não tendo sido previstos também na legislação

---

[412] FINOCHIARO, Gaetano. **Sistema di diritto industriale**. 1932. p. 61, apud PINHEIRO, Waldemar Álvaro. **Do conflito entre nome comercial e marca**. 1997. p. 23.

[413] Art. 95 do Código da Propriedade Industrial de 1967.

[414] GAMA CERQUEIRA, João da. **Tratado da propriedade industrial**. 1956. v. 2. tomo II, parte III. pp. 333-334.

[415] Cf. BRAGA JUNIOR, Benjamin do Carmo. **Regimen das marcas de fábrica e de commercio**. 1922. p. 9. Nota de rodapé nº 1.

nacional subsequente, ou seja, o Decreto nº 3.346, de 14 de outubro de 1887, e a Lei nº 1.230, de 25 de setembro de 1904, que alterou o decreto anterior.

Para Denis Borges Barbosa, foi o Decreto nº 24.507, de 1934, que introduziu o registro de "signaes, taboletas e emblemas usados em anúncios, reclames, ou propaganda, e nos papéis de negócio relativos a quaisquer profissões lícitas" (art. 26, nº 8), ainda que timidamente.[416]

Mas foi somente em 1945, que o instituto dos *sinais ou expressões de propaganda* foi adotado legislativamente no Brasil, a partir do Código da Propriedade Industrial (CPI) daquele ano, estabelecido pelo Decreto-lei nº 7.903/45, em seu artigo 121 e seguintes.

Tinoco Soares apresenta duas definições, uma para "expressão ou frase de propaganda", do antigo Código da Propriedade Industrial de 1967, a mesma anteriormente adotada pelo CPI de 1945, e outra para "sinal de propaganda", como se verifica:

> Expressão ou Frase de Propaganda – é toda legenda, anúncio, reclame, frase, combinação de palavras, gravuras, originais e característicos que se destinem a emprego como meio de recomendar as atividades comerciais, industriais ou agrícolas, realçar as qualidades dos produtos e atrair a atenção dos consumidores.[417]

> Sinal de Propaganda – é toda legenda, anúncio, frase, combinação de palavras, acompanhadas de desenho, emblema ou outro característico, com o mesmo destino da expressão acima descrita.[418]

---

[416] BARBOSA, Denis Borges. **Sinais e expressões de propaganda**. 1982.

[417] Redação dada pelo art. 101 do Decreto-lei nº 254, de 28 de fevereiro de 1967, para definir "expressão ou sinal de propaganda". Cf. SOARES, José Carlos Tinoco. **Direito de marcas**. 1968. p. 123.

[418] SOARES, José Carlos Tinoco. Op. cit. p. 123.

Azeredo Santos dá praticamente a mesma definição de *expressão ou sinal de propaganda*, notadamente aquela prescrita pelo art. 73 do Código da Propriedade Industrial de 1971, como segue:

> Entende-se por expressão ou sinal de propaganda toda legenda, anúncio, reclame, palavra, combinação de palavras, desenhos, gravuras, originais e característicos que se destinem a emprego como meio de recomendar quaisquer atividades lícitas, realçar qualidade de produtos, mercadorias ou serviços, ou a atrair a atenção dos consumidores ou usuários.[419]

Para esse autor, as *expressões ou sinais de propaganda* podem ser usadas "em cartazes, tabuletas, papéis avulsos, impressos em geral ou quaisquer meios de comunicação". Além disso, chama a atenção para que se observe "que a marca de indústria, de comércio ou de serviço poderá fazer parte de expressão ou sinal de propaganda, quando registrada em nome do mesmo titular, na classe ou nas classes correspondentes ao objeto da propaganda".[420]

Desde o Código da Propriedade Industrial de 1945, a definição de *expressão ou sinal de propaganda* praticamente não mudou, permanecendo quase que inalterada de código em código.[421]

---

[419] Cf. SANTOS, Theofilo Azeredo. **Manual de direito comercial**. 1972. p. 311.

[420] SANTOS, Theofilo Azeredo. Op. cit. p. 311.

[421] Cf. **CPI de 1945**: Art. 121 - Entende-se por expressão ou sinal de propaganda tôda legenda, anúncio, reclame, frase, combinação de palavras, desenho, gravura, originais e característicos, que se destinem a emprêgo como meio de recomendar as atividades comerciais, industriais ou agrícolas, realçar as qualidades dos produtos, e atrair a atenção dos consumidores.

Cf. **CPI de 1969**: Art. 92 Entende-se por expressão ou sinal de propaganda tôda legenda, anúncio, reclame, frase, palavra, combinação de palavras, desenhos, gravuras, originais e característicos que se destinem a emprêgo como meio de recomendar quaisquer atividades lícitas, realçar qualidades de produtos, mercadorias ou serviços, ou a atrair a atenção dos consumidores ou usuários.

Sinais e expressões de propaganda existiram no ordenamento jurídico até o antigo Código da Propriedade Industrial de 1971, que esteve em vigor no Brasil até 1997, não sendo mais recepcionados pela nova Lei da Propriedade Industrial de 1996 que entrou em vigor no ano seguinte, Lei 9.279/96 em vigor, portanto, não sendo mais passíveis de registro junto ao INPI.

Em contrário sensu, a nova Lei da Propriedade Industrial (LPI) não só deixou de fazer previsão legal quanto à sua proteção através do registro, como instituiu no inciso VII do art. 124, o seguinte: Art. 124 - "Não são registráveis como marca: VII - sinal ou expressão empregada apenas como meio de propaganda".

No entanto, quanto à proteção dos direitos atinentes à propriedade industrial, a fim de cumprir o estatuído no inciso V do art. 2º, que trata da repressão à concorrência desleal, prevê em seu art. 195 o seguinte: "Comete crime de concorrência desleal quem: IV- usa expressão ou sinal de propaganda alheios, ou os imita, de modo a criar confusão entre os produtos ou estabelecimentos".

Todos os pedidos de registro de *sinais ou expressões de propaganda* foram arquivados irrecorrivelmente, ao passo que os registros concedidos à égide do CPI anterior, gozarão da proteção durante sua vigência, não podendo mais ser renovados. Isso quer dizer que seus dias enquanto "registro" estiveram contados, ou seja, tiveram validade até 2007.

Sinais ou expressões de propaganda são, portanto, os apelos publicitários que recomendam o produto ou serviço e normalmente acompanham uma propaganda, muitas vezes aliadas ao uso de uma marca, como nos exemplos: marca *Ajinomoto*, expressão: *Dá mais vida ao sabor*; marca *O Limeirense*, expressão: *O decano da imprensa limeirense*; marca *Gullo*, expressão: *Qualidade que resiste ao tempo*.

Por fim, os sinais ou expressões de propaganda ainda desempenham um papel importante na promoção de produtos ou serviços ao longo do tempo, muitas vezes associados às marcas para destacar qualidades dos produtos ou serviços ou atrair a atenção dos consumidores. Embora tenham sido uma parte importante da publicidade por décadas, a nova Lei da Propriedade Industrial de 1996, extinguiu o registro de sinais ou expressões de propaganda. Como resultado, esses elementos, embora ainda presentes na publicidade e no *marketing*, não são mais passíveis de registro junto ao INPI, marcando uma mudança significativa na proteção legal desses apelos publicitários, porém, ainda resistem ao tempo, apesar de não serem mais registráveis.

Considerações Finais

Com a evolução das teorias do Direito Comercial, passando inicialmente pela *teoria subjetivista*, cujo cerne era o comerciante; depois pela *teoria dos atos de comércio*, que a partir da Revolução Francesa deslocou o foco para as atividades comerciais; esta terceira geração que se insurgiu na Itália é a chamada *teoria da empresa*, que no Brasil demorou muito para que se obliterasse a anterior, nascendo legislativamente a partir do Código Civil de 2002. Porquanto passou-se nesta obra a tratar desta última teoria de uma forma pouco mais global, consignando-a como *teoria geral da empresa*.

Considerando a envolvente e empolgante discussão acerca da dicotomia do Direito Privado, que remonta a pouco mais de 150 anos, inaugurada pelo civilista brasileiro Augusto Teixeira de Freitas com consolidação das leis civis e pouco depois com a criação do Código Geral das Obrigações ainda no Brasil Império, citado pelo eminente comercialista italiano Túlio Ascarelli, porém, foi Cesare Vivante quem mais ficou em evidência, quando posteriormente ministrou sua célebre aula na Universidade de Bolonha, ocasião que atacou a autonomia do Direito Comercial. Acerca desta matéria, filiamo-nos à corrente doutrinária da autonomia do Direito Comercial em face do Direito Civil, sendo partidários, portanto, da dicotomia do Direito Privado.

Assim, mesmo que Vivante tenha se retratado publicamente em 1919, as obrigações civis e comerciais foram unificadas no *Codice Civile* italiano de 1942, surgindo a partir daí a *teoria da empresa*, baseada em seus perfis, criada pelo professor Alberto Asquini[422], através de sua análise sistêmica da nova realidade legislativa italiana, bem como por reconhecer que a ultrapassada teoria dos atos de comércio não mais compreendia o universo empresarial.

No Brasil, com a frustrada tentativa de unificação do Direito Privado, restou claro que apesar do Código Civil de 2002 ter tratado em sua *Parte Especial*, no *Livro II*, do *Direito de Empresa*, matéria tipicamente comercial, além de reunir outras obrigações mercantis, a unificação não ocorreu, vez que embora inaugurando legislativamente o Direito de Empresa, o Código Comercial de 1850, ainda que sua *Parte Primeira* tenha sido revogada, continua em pleno vigor.

Isso implica que o eminente jurista, o professor Miguel Reale, quem coordenou a comissão do novo Código Civil brasileiro se equivocou ao optar pela unificação, trazendo enorme prejuízo à evolução do Direito Comercial, mas contribuiu decisivamente com o Direito Empresarial. Atualmente, a Itália vem estudando a reforma de seu *Codice Civile*, reconhecendo que a unificação não foi acertada, visando retornar à clássica autonomia entre os Direitos Civil e Comercial.

No mais, tal qual o código italiano, o brasileiro não definiu ou conceituou *empresa*, alcançando no máximo o *empresário*, definindo também *estabelecimento*, relegando para os doutrinadores essa difícil missão. Agora, com o Direito de Empresa, busca-se também na legislação os instrumentos de aplicação e utilização da *teoria da empresa*, antes alcançados apenas pela doutrina. Gonçalves Neto, que em seu *Manual de direito comercial*, assim preleciona: "A doutrina trabalha com a designação 'empresário' a partir daquilo que a ciência econômica oferece, segundo a qual o empresário é o

---

[422] ASQUINI, Alberto. ***Profili dell'impresa***. 1943.

profissional do mercado de bens e de serviços, vale dizer, o que se dedica ao ofício da produção e circulação de bens e de serviços".[423]

Tal citação decorre da busca de uma definição de empresário como ocorre em geral com a doutrina pátria, quando se busca uma definição ou conceito de *empresa* a partir da teoria econômica. Isso posto, à luz do Direito de Empresa, *empresa* é uma atividade economicamente organizada, que conjuga os fatores de produção (mão-de-obra, capital e matéria-prima) para a produção e distribuição de bens ou serviços para o mercado, com intuito de lucro.[424]

Porém, buscou-se chegar através da presente obra a um conceito a partir da teoria jurídica da empresa. Destarte, considera-se que, à semelhança de empresário, a *empresa* consiste em toda atividade econômica exercida de forma profissional e organizada, voltada à produção ou à circulação de bens ou serviços.

Para o Código Civil brasileiro, segundo o art. 966, "Considera-se empresário quem exerce profissionalmente atividade econômica organizada para a produção ou a circulação de bens ou de serviços". Na mesma seara, em contrário-senso, o código procurou definir em seu parágrafo único que "Não se considera empresário quem exerce profissão intelectual, de natureza científica, literária ou artística, ainda com o concurso de auxiliares ou colaboradores, salvo se o exercício da profissão constituir elemento de empresa".

Ao passo que na consecução de uma definição de estabelecimento empresarial, o Código Civil trouxe um modelo em seu art. 1.142, que assim prescreve: "Considera-se estabelecimento todo complexo de bens organizado, para

---

[423] GONÇALVES NETO, Alfredo Assis. Manual de direito comercial, apud NERILO, Lucíola Fabrete Lopes. **O direito empresarial superando o arcaico sistema dos atos de comércio**. 2002.

[424] EMPRESA: Conceito do Autor.

exercício da empresa, por empresário, ou por sociedade empresária".

Nas palavras de Tomazette, "à guisa de conclusão, devemos ter em mente que a teoria da empresa envolve três figuras que podem ser distinguidas pelos verbos aplicáveis a cada qual: empresário se é, empresa se exercita, e estabelecimento se tem."[425]

Quanto aos elementos de identificação da empresa, que complementam a *teoria geral da empresa* (inaugurada pelo autor), na mesma linha acima, o *nome empresarial* identifica a sociedade, a empresa individual de responsabilidade limitada e o empresário individual; o *título de estabelecimento* torna conhecido e distingue-o dos concorrentes. A *insígnia*, por seu turno, vezes semelhante ao título de estabelecimento, se destina a identificar e distinguir a loja, casa comercial, industrial ou agrícola, bem como de prestação de serviços ou qualquer outra atividade lícita. Os *sinais ou expressões de propaganda* (apesar de ainda existirem, não são mais registráveis) recomendam o produto ou serviço. E a *marca*, identifica o produto ou serviço produzido pela empresa, distinguindo produtos ou serviços idênticos, de origem diversa.

Conclui-se, portanto, que a *teoria geral da empresa*, por tratar de matéria que ultrapassa a teoria original (teoria da empresa), é um avanço para o estudo do Direito Comercial e do Direito Empresarial, ainda que o Direito de Empresa esteja regulado pelo Código Civil. Mesmo porquê, esta teoria transcendeu os atos de comércio e alcançou a atividade empresarial (empresa), compreendendo-a em toda sua amplitude, superando a atividade meramente comercial e abarcando a atividade industrial e a crescente e dinâmica área das atividades do setor de serviços, sem se olvidar de todas e quaisquer atividades lícitas, consideradas empresariais.

---

[425] TOMAZETTE, Marlon. **A teoria da empresa:** o novo direito "comercial". 2002.

Referências Bibliográficas

AAKER, David A. **Marcas** – *Brand equity* – Gerenciando o valor da marca. 2. ed. Tradução de André Andrade. São Paulo: Negócio Editora, 1998.

AQUINO, Rubim Santos Leão; FRANCO, Denize de Azevedo; LOPES, Oscar Guilherme Pahl Campos. **História das sociedades**. das comunidades primitivas às sociedades medievais. Rio de Janeiro: Livro Técnico, 1986.

ASCARELLI, Tullio. **Panorama do direito comercial**. São Paulo: Saraiva, 1947.

__________. O desenvolvimento histórico do direito comercial e o significado da unificação do direito privado. **Revista de Direito Mercantil – RDM**. São Paulo, n. 114, p. 237-252, abr./jun., 1999.

ASQUINI, Alberto. *Profili dell'impresa*. ***Rivista del Diritto Commerciale*** *e del Diritto Generale delle Obbligazioni*. Milano, v. XLI, parte prima, p. 1-20, 1943.

ASSALIN, Zilah. **Aspectos empresariais da concorrência**. 2004. 164 f. Dissertação (Mestrado em Direito) – Universidade Metodista de Piracicaba, UNIMEP, Piracicaba. (Orientador: Prof. Dr. Antonio Martin).

BARBOSA, Denis Borges. **Legislação da propriedade industrial e do comércio de tecnologia**. Seleção, compilação e notas. Rio de Janeiro: Instituto Nacional da Propriedade Industrial: Forense, 1982.

__________. Sinais e expressões de propaganda. **Denis Barbosa**. 2002. Disponível em: <http://www.denisbarbosa.addr.com/96.doc>. Acesso em: 11 jun. 2006.

BARRETO FILHO, Oscar. O Estabelecimento na teoria da empresa. In: **Teoria do estabelecimento comercial**. São Paulo: Max Limonad, 1969. p. 111-132.

BASSO, Maristela. **O direito internacional da propriedade intelectual**. Porto Alegre: Livraria do Advogado, 2000.

BENTO DE FARIA, Antonio. **Das marcas de fabrica e de commercio e do nome commercial**. Rio de Janeiro: J. Ribeiro dos Santos, 1906.

BERGEL, Jean-Louis. **Teoria geral do direito**. Trad. Maria Ermantina Galvão. São Paulo: Martins Fontes, 2001.

BERNARD, Yves; COLLI, Jean-Claude. **Dicionário internacional de economia e finanças**. Português, francês, inglês, alemão e espanhol. Trad. Flávia Rossler. Rio de Janeiro: Forense Universitária, 1998.

BETHLEM, Agricola. **Estratégia empresarial**. Conceitos, processo e administração estratégica. 4. ed. São Paulo: Atlas, 2002.

BEVILAQUA, Clovis. **Código civil dos Estados Unidos do Brasil commentado**. 6.-11. ed. Atualizada por Achilles Bevilaqua. São Paulo: Francisco Alves, 1947-1958. 6 v.

BLITZER, Charles. **A era dos reis**. Trad. José Laurênio de Melo. Rio de Janeiro: José Olympio, 1973. (Biblioteca de História Universal Life). Título original: *Age of Kings*.

BOBBIO, Norberto. **Estado, governo, sociedade**; por uma

teoria geral da política. Trad. Marco Aurélio Nogueira. 14. ed. Rio de Janeiro: Paz e Terra, 1987.

BORGES, João Eunápio. **Curso de direito comercial terrestre**. Rio de Janeiro: Forense, 1959.

BOUZON, Emanuel. **O código de Hammurabi**. 9. ed. Petrópolis: Vozes, 2001.

BRAGA JUNIOR, Benjamin do Carmo. **Regimem das marcas de fábrica e de commercio**. Rio de Janeiro: A Judicial, 1922.

BULGACOV, Sergio. Org. **Manual de gestão empresarial**. São Paulo: Atlas, 1999.

BULGARELLI, Waldirio. **Sociedades comerciais**: Empresa e estabelecimento. São Paulo: Atlas, 1993.

__________. **Questões contratuais no código de defesa do consumidor**. 3. ed. São Paulo: Atlas, 1999.

__________. **Tratado de direito empresarial**. 4. ed. São Paulo: Atlas, 2000.

__________. **Normas jurídicas empresariais**. 2. ed. São Paulo: Atlas, 2000.

__________. **Sociedades comerciais**: Sociedades civis e sociedades cooperativas; empresas e estabelecimento comercial. 9. ed. São Paulo: Atlas, 2000.

CAMPANHOLE, Adriano; CAMPANHOLE, Hilton Lobo. **Todas as constituições do Brasil**. 2. ed. São Paulo: Atlas, 1976.

CAMPINHO, Sérgio. **Sociedade por quotas de responsabilidade limitada**. Rio de Janeiro: Renovar, 2000.

CARDOSO, João Augusto. **Do nome empresarial e sua tutela jurídica em face da marca registrada**. 2004. 533 f. Dissertação (Mestrado em Direito) – Universidade Metodista de Piracicaba, UNIMEP, Piracicaba. (Orientador: Prof. Dr. Antonio Martin).

CARNEIRO, Maria Francisca. **Pesquisa jurídica**. Metodologia da Aprendizagem. Curitiba: Juruá, 1999.

CARVALHO DE MENDONÇA, José Xavier. **Tratado de direito comercial brasileiro**. Atual. Roberto Carvalho de Mendonça. Rio de Janeiro: Freitas Bastos, 1963. 13 v. V. 5. 1ª parte.

__________. **Tratado de direito comercial brasileiro**. Atual. Ricardo Negrão. Campinas: Bookseller, 2000. 13 v. V. 1; 2001. 582 p. 13 v. V. 2. Tomo 1.

COELHO, Fábio Ulhoa. **Manual de direito comercial**. 14. ed. São Paulo: Saraiva, 2003.

COMPARATO, Fábio Konder. **Direito empresarial**. São Paulo: Saraiva, 1995.

DOMINGUES, Douglas Gabriel. **Marcas e expressões de propaganda**. Rio de Janeiro: Forense, 1984.

DUVAL, Hermano. **A publicidade e a lei**. São Paulo: Revista dos Tribunais, 1975.

ENCICLOPÉDIA Delta-Larousse. 2. ed. Rio de Janeiro: Delta, 1964. 15 v. V 3.

FABRETTI, Láudio Camargo. **Direito de empresa no novo código civil**. São Paulo: Atlas, 2003.

FERRAZ JUNIOR, Tercio Sampaio. **A ciência do direito**. 2. ed. São Paulo: Atlas: 1980.

FERREIRA, Waldemar Martins. **Tratado de direito comercial**. O Estatuto Histórico e Dogmático do Direito Comercial. São Paulo: Saraiva, 1960. V. 1.

__________. **Tratado de direito comercial**. O Estatuto do Comerciante. São Paulo: Saraiva, 1960. V. 2.

__________. **Tratado de direito comercial**. O Estatuto do Estabelecimento e a Empresa Mercantil. São Paulo: Saraiva, 1962. V. 6.

__________. **Instituições de direito comercial**. O Estatuto do Comerciante e da Sociedade Mercantil. 3. ed. São Paulo: Freitas Bastos, 1951. 5 v. V. 1.

FONSECA, João Bosco Leopoldina da. **Direito econômico**. 5. ed. rev. e atual. Rio de Janeiro: Forense, 2005.

FIGUEIREDO, Affonso Celso Assis. *Marcas industriaes e nome commercial*. Rio de Janeiro: Imprensa Nacional, 1888.

FREITAS, Augusto Teixeira de. **Consolidação das leis civis**. Brasília: Senado Federal, 2003. Obra fac-similar de 1858. 2 v. (Coleção história do direito brasileiro. Direito Civil).

GALGANO, Francesco. *La función social de la empresa privada*. In: *Las instituciones de la economia capitalista*. Barcelona: Editorial Ariel, 1990. p. 187-193.

GAMA CERQUEIRA, João da. **Tratado da propriedade industrial**. Rio de Janeiro: Forense, 1946. V. 1.

__________. **Tratado da propriedade industrial**. Rio de Janeiro: Forense, 1952. V. 2, T. 1.

__________. **Tratado da propriedade industrial**. Rio de Janeiro: Forense, 1956. V. 2. T. 2, parte 3.

GARCIA, Eduardo. **História da civilização**. São Paulo: Egéria, 1978. 4 v.

GLOSSARY OF ECONOMIC TERMS. Amosweb. Disponível em: <http://www. amosweb.com/cgi-bin/awb_nav.pl?s=gls>. Acesso em: 15 set. 2006.

GOMES, Fábio Belotte. **Manual de direito comercial**. São

Paulo: Manole, 2003.

GOMES, Orlando. A comercialização do direito civil. In: **Direito econômico**. Salvador: Distribuidora de Livros Salvador, 1975. p. 47-56.

__________. **Direitos reais**. 18. ed. Atual. Humberto Theodoro Júnior. Rio de Janeiro: Forense, 2002.

GONZAGA, Maria Cristina de Brito. **Frases de latim forense**. Leme: Livraria de Direito, 1994.

GRAU-KUNTZ, Karin. **Do nome das pessoas jurídicas**. São Paulo: Malheiros Editores, 1998.

GRINOVER, Alda Pellegrini et. al. **código brasileiro de defesa do consumidor**. Comentado pelos autores do anteprojeto. 8. ed. Rev. Atual. conforme o novo Código Civil. Rio de Janeiro: Forense Universitária, 2004.

HARDMAN, Foot; LEONARDI, Victor. **História da indústria e do trabalho no Brasil**. Das origens aos anos 20. 2. ed. rev. São Paulo: Ática, 1991.

HODGETT, Gerald A. J. **História social e econômica da idade média**. Trad. Mauro R. C. Souza e Tayná P. C. Souza. Rio de Janeiro: Zahar, 1975.

INPI. **Curso de propriedade industrial:** Marcas. Rio de Janeiro: Instituto Nacional da Propriedade Industrial, 1994. (Apostila).

__________. **Propriedade industrial:** Patente e desenho industrial. In. Curso de Capacitação em Patentes e Desenhos Industriais. Rio de Janeiro: Instituto Nacional da Propriedade Industrial, 1999. (Apostila).

KOOGAN, Maria Luiza de Moura; HOUAISS, Antonio. **Enciclopédia e dicionário ilustrado**. 2. ed. Rio de Janeiro: Delta, 1998.

LAFER, Celso. **A OMC e a regulamentação do comércio internacional**: Uma visão brasileira. Porto Alegre: Livraria do Advogado, 1998.

LEONARDOS, Gabriel F. A proteção jurídica ao nome comercial, ao título de estabelecimento e à insígnia no Brasil. **Revista da Associação Brasileira de Propriedade Intelectual**. Rio de Janeiro, n. 13, p. 3-32, nov.-dez., 1994.

LOBATO, David Menezes. **Administração estratégica**. Uma visão orientada para a busca de vantagens competitivas. Rio de Janeiro: Papéis e Cópias, 1997.

LYON-CAEN, Charles; RENAULT, Louis. *Manuel du droit commercial*. Paris: Laval - *Imprimerie L. Barnéoud et Cie.*, 1896.

MAGALHÃES, Guilherme A. Canedo de. **Introdução ao direito empresarial**. Rio de Janeiro: Freitas Bastos, 1978.

MAGALHÃES, Roberto Barcellos de. **Constituição das sociedades comerciais**. Rio de Janeiro: Freitas Bastos, 1960.

MAMEDE, Gladston. **Direito empresarial brasileiro**. Empresa e atuação empresarial. São Paulo: Atlas, 2004. 7 v. V. 1.

MANDINO, Og. **O maior vendedor do mundo**. 17. ed. Trad. P. V. Damasio. Rio de Janeiro: Record, 1989.

MARCONDES, Sylvio. **Questões de direito mercantil**. São Paulo: Saraiva, 1977.

MARTINS, Fran. **Curso de direito comercial**. 7. ed. Rio de Janeiro: Forense, 1979.

__________. **Curso de direito comercial**. 27. ed. At. Jorge Lobo. Rio de Janeiro: Forense, 2001.

MATA, José. **Economia da empresa**. Lisboa: Fundação Calouste Gulbenkian, 2000.

MATOS, Gastão de Mello de; BANDEIRA, Luís Stubbs Saldanha Monteiro. **Heráldica**. Lisboa: Verbo, 1969.

MILLER, Arthur R.; DAVIS, Miclael H. *Intelectual property, patents, trademarks and copyright*. Saint Paul, Estados Unidos: West Publishing, 1990.

MONTESQUIEU, Charles Louis de Secondat, Baron de. **O espírito das leis**. Trad. Pedro Vieira Mota. 7. ed. São Paulo: Saraiva, 2000.

MOORE, Wilbert E. **O impacto da indústria**: Modernização de sociedades tradicionais. Trad. Edmond Jorge. Rio de Janeiro: Zahar Editores, 1968.

MORELLO NETTO, João Baptista. O registro público de empresas mercantis e atividades afins – Lei 8.934, de 18.11.94. **Revista de Direito Mercantil – RDM**, São Paulo, n. 96, p. 73-86, out./dez., 1994.

MOSSA, Lorenzo. *Trattato del nuovo diritto commerciale. Società commerciali personali*. Padova: Casa Editrice Dott. Antonio Milani, 1951. 2 v. V. 2.

MOURA, Geraldo Bezerra de. **Curso de direito comercial**. 2. ed. Rio de Janeiro: Forense, 2001.

MURANO, Ugo. *La così detta proprietà commerciale e la sua tutela.* Napoli: Casa Editrice Dott. Eugenio Jovene, 1950.

NADER, Paulo. **Introdução ao estudo do direito**. 17. ed. rev. atual. Rio de Janeiro: Forense, 2000.

NEGRÃO, Ricardo. **Manual de direito comercial**. Campinas: Bookseller, 1999.

__________. **Manual de direito comercial e de empresa**. 3. ed. reform. São Paulo: Saraiva, 2003. 2 v. V 1.

NERILO, Lucíola Fabrete Lopes. O direito empresarial

superando o arcaico sistema dos atos de comércio. **Juris Doctor** – Revista Jurídica On-Line. Limeira, a. 1, v. 1, n. 1, dez. 2002. Disponível em: <http://www.jurisdoctor.adv.br/revista/rev-01/art14-01.htm>. Acesso em: 31 dez. 2006.

OMPI. ***Glossaire:*** *Termes et definitions. Genève: Organisation Mondiale de la Propriété Intellectuelle*, 2002.

PEDROSA, Ronaldo Leite. **Direito em história**. 3. ed. Nova Friburgo: Imagem Virtual, 2000.

PIMENTEL, Luiz Otávio. **Direito industrial**. As funções do direito de patentes. Porto Alegre: Síntese, 1999.

PINHEIRO, Waldemar Álvaro. Do conflito entre nome comercial e marca. **Revista da Associação Brasileira de Propriedade Intelectual**. Rio de Janeiro, n. 31, p. 21-25, nov./dez., 1997.

PINHO, Ricardo. A aplicação do princípio da especialidade dos nomes comerciais. **Revista da Associação Brasileira de Propriedade Intelectual**. Rio de Janeiro, n. 10, p. 33-34, jan./fev., 1994.

PONTES DE MIRANDA, Francisco Cavalcanti. **Tratado de direito privado**. Atual. Vilson Rodrigues Alves. Campinas: Bookseller, 2000. 60 v. V. 7.

__________. **Tratado de direito privado**. Atual. Vilson Rodrigues Alves. Campinas: Bookseller, 2001. 60 v. V. 11.

__________. **Tratado de direito privado**. Atual. Vilson Rodrigues Alves. Campinas: Bookseller, 2002. 60 v. V. 17.

RABINOVICH-BERKMAN, Ricardo David. **Bom dia, história do direito**. Rio de Janeiro: Forense, 2001.

REALE, Miguel. **Lições preliminares de díreito**. 25. ed. São Paulo: Saraiva, 2001.

__________. Anteprojeto do código civil. **Revista de Informação Legislativa**, Brasília, v. 9, p. 3-24, jul./set. 1972.

REIS, Josué Calander dos. **Noções da arte da armaria**. São Paulo: USP, 1962.

REQUIÃO, Rubens. **Curso de direito comercial**. De acordo com as Leis n. 10.303, de 31 de outubro de 2001 (Reforma das sociedades anônimas), e 10.406, de 10 de janeiro de 2002 (Novo Código Civil). 25. ed. Atual. por Rubens Ed. Requião. São Paulo: Saraiva, 2003. 2 v. V. 1.

__________. **Curso de direito comercial**. De acordo com as Leis n. 10.303, de 31 de outubro de 2001 (Reforma das sociedades anônimas), e 10.406, de 10 de janeiro de 2002 (Novo Código Civil). 25. ed. Atual. por Rubens Ed. Requião. São Paulo: Saraiva, 2003. 2 v. V. 2.

RUSSO, Francisco; OLIVEIRA, Nelson de. **Manual prático de constituição de empresas**. 8. ed. São Paulo, 2000. CD Rom.

SALAMONE, Nino. **Causas sociais da revolução industrial**. Trad. Ana Falcão Bastos e Luís Leitão. Lisboa: Presença, 1980.

SALANDRA, Giandonato La. *Il concetto d'impresa e il nuovo contratto sociale*. ***Approfondimenti***. *Tesionline*. Arcore, Milano. Disponível em: <http://www.tesionline.it/ approfondimenti/articolo.jsp?id=65&sID=2>. Acesso em 30 set. 2006.

SALOMÃO FILHO, Calixto. Função social do contrato: primeiras anotações. **Revista dos Tribunais – RT**. São Paulo, n. 823, p. 67-86, maio, 2004.

SANDRONI, Paulo. Org. **Dicionário de economia**. Ed. rev. e atual. São Paulo: Best Selle, 1989.

SANTOS, Theophilo de Azevedo. **Manual de direito comercial**. 4. ed. rev. aum. atual. Rio de Janeiro: Forense, 1972.

SCHECHTER, Roger E. *Unfair trade practices intellectual property*. 2. ed. Saint Paul: West Publishing, 1993.

SHERWOOD, Robert. M. **Propriedade intelectual e desenvolvimento econômico**. Trad. Heloísa de Arruda Villela. São Paulo: Edusp, 1992.

SILVA, De Plácido e. **Noções práticas de direito comercial**. 9. ed. Curitiba: Guaíra, 19[??].

SILVA, Luiz Antonio Guerra da. Da inserção da matéria mercantil no código civil de 2002; grave equívoco legislativo; tentativa de engessamento do direito mercantil; prejuízo à internacionalização do direito comercial. **Revista Jurídica [da] Presidência**, Brasília, v. 8, n. 78, abr./maio 2006. Disponível em: <https://www.planalto.gov.br/ccivil_03/revistajurídica/ index.htm>. Acesso em: 03 set. 2006.

SILVA, Oliveira e. **Dicionário das sociedades anônimas**. Doutrina, Jurisprudência, Formulário e toda Legislação. Rio de Janeiro: Freitas Bastos, 1956.

SILVEIRA, Newton. **A propriedade intelectual e as novas leis autorais**. Propriedade industrial, direito de autor, software, cultivares. 2. ed. rev. e atual. São Paulo: Saraiva, 1998.

SOARES, José Carlos Tinoco. **Direito de marcas**. São Paulo: Atlas, 1968.

__________. **Marcas *vs.* nome comercial:** Conflitos. São Paulo: Jurídica Brasileira, 2000.

SOPRANO, Enrico. *Elementi di diritto commerciale*. 2. ed. Torino: *Fratelli Bocca Editori*, 1931.

TOMAZETTE, Marlon. A teoria da empresa: o novo direito "comercial". **Jus Navigandi**, Teresina, a. 6, n. 56, abr. 2002. Disponível em: <http://www1.jus.com.br/doutrina/

texto.asp? id=2899>. Acesso em: 04 nov. 2003.

TROSTER, Roberto Luis; MOCHÓN MORCILLO, Francisco. **Introdução à economia**. São Paulo: Pearson Education, 2002.

VAMPRÉ, Spencer. **Tratado elementar de direito comercial**. Rio de Janeiro: F. Briguet & Cia, 1921. V. 1.

VASCONCELLOS, Marco Antonio S.; GARCIA, Manuel E. **Fundamentos de economia**. São Paulo: Saraiva, 2000.

VAZ, Isabel. **Direito econômico das propriedades**. 2. ed. Rio de Janeiro: Forense, 1993.

VENOSA, Sílvio de Salvo (Org.). **Novo Código Civil**. Texto comparado. Código Civil de 2002. Código Civil de 1916. 3. ed. São Paulo: Atlas, 2003.

VIVANTE, Cesare. *Tratatto di diritto commerciale*. 5. ed. *riveduta e ampliata, 1ª ristampa*. Milano: Casa Editricer Dottor Francesco Vilarddi, 1928. 4 v. V. I. *Il commercianti*.

__________. *Tratatto di diritto commerciale*. 5. ed. *riveduta e ampliata*. Milano: Casa Editricer Dottor Francesco Vilarddi, 1928. 4 v. V. III. *Le cose*.

__________. *Per un codice único delle obbligazioni*. *Proluzione al corso di diritto commerciale*. Bologna: Tipografia Fava e Garagnani, 1888.

ZAVALA RODRÍGUES, Carlos Juan. *Derecho de la empresa*. Buenos Aires: Depalma, 1971.

Legislação Federal

BRASIL. Constituição (1988). **Constituição da República Federativa do Brasil**. Atualizada até a Emenda Constitucional n. 70, de 29 mar. 2012.

BRASIL. Constituição (1891). **Constituição da República dos Estados Unidos do Brazil**. Anot. Alfredo Pinto D'Araujo Corrêa. Uruguayana: Livraria Commercial de Auspicio Pereira de Almeida, 1898.

BRASIL. **Lei Complementar nº 128, de 19 de dezembro de 2008**. Altera a Lei Complementar no 123, de 14 de dezembro de 2006, altera as Leis nos 8.212, de 24 de julho de 1991, 8.213, de 24 de julho de 1991, 10.406, de 10 de janeiro de 2002 – Código Civil, 8.029, de 12 de abril de 1990, e dá outras providências.

BRASIL. **Código Civil**. Lei n. 10.406, de 10 de janeiro de 2002. Atual. pela Lei n. 10.825, de 22 de dezembro de 2003 e Acompanhada de Legislação Complementar, súmulas e índices. 55. ed. São Paulo: Saraiva, 2005.

BRASIL. **Código Comercial**. Lei n. 556, de 25 de junho de 1850. Atual. e acompanhada de legislação complementar, súmulas e índices. 49. ed. São Paulo: Saraiva, 2005.

BRASIL. **Código da Propriedade Industrial.** Lei n. 5.772 de 21 de dezembro de 1971. Institui o novo código de propriedade industrial e dá outras providências. Instituto Nacional da Propriedade Industrial: Rio de Janeiro: 1971. (Revogado).

BRASIL. **Lei n. 12.441, de 11 de julho de 2011.** Altera a Lei n. 10.406, de 10 de janeiro de 2002 (Código Civil), para permitir a constituição de empresa individual de responsabilidade limitada.

BRASIL. **Lei n. 9.279, de 14 de maio de 1996.** Regula Direitos e obrigações relativos à propriedade industrial. Rio de Janeiro: Instituto Nacional da Propriedade Industrial: 1997.

BRASIL. **Lei n. 8.934, de 18 de novembro de 1994**. Dispõe sobre o registro público de empresas mercantis e atividades afins e dá outras providências. In Código Comercial. 49. ed. São Paulo: Saraiva, 2004. p. 775-786.

BRASIL. **Lei n.º 8.078, de 11 de setembro de 1990**. Dispõe sobre proteção do consumidor, e dá outras providências.

BRASIL. **Projeto de Lei da Câmara n. 239 de 1993**. Registro público de empresas mercantis. Rio de Janeiro: Revista da Associação Brasileira da Propriedade Intelectual, primavera 1994. Separata.

BRASIL. **Decreto n. 1.800, de 30 de janeiro de 1996**. Regulamenta a Lei n. 8934, de 18 de Novembro de 1994, que Dispõe sobre o registro público de empresas mercantis e atividades afins e dá outras providências. In Código Comercial. 49. ed. São Paulo: Saraiva, 2004. p. 846-869.

BRASIL. **Decreto n. 916, de 24 de outubro de 1890**. Cria o registro de firmas ou razões sociais. In: BRAGA JUNIOR, Benjamin do Carmo. *Regimen das marcas de fabrica e de commercio*. Rio de Janeiro: A Judicial, 1922. p. 147-150.

Acordos, Tratados e Convenções Internacionais

OMC. *Acuerdo Sobre los Aspectos de los Derechos de Propiedad Intelectual Relacionados con el Comercio*. (TRIPs) 1994. *Ginebra: Organización Mundial del Comercio*, 2002.

OMPI. *Arreglo de Madrid: Relativo al registro internacional de marcas del 14 de abril de 1891, revisado en Bruselas el 14 de diciembre de 1900, en Wáshington el 2 de junio de 1911, en La Haya el 6 de noviembre de 1925, en Londres el 2 de junio de 1934, en Niza el 15 de junio de 1957, en Estocolmo el 14 de julio de 1967 y modificado el 28 de septiembre de 1979. Ginebra: Organización Mundial de la Propiedad Intelectual: Base de Datos de la OMPI de Textos Legislativos de Propiedad Intelectual*, 2003.

OMPI. **Convenção da União de Paris para a Proteção da Propriedade Industrial**. Quadro comparativo das revisões de: Paris–1883; Haia–1925; Estocolmo–1967. Rio de Janeiro: Instituto Nacional da Propriedade Industrial, 1982.

OMPI. ***Convention de Paris.*** *Pour la protection de la proriete industrielle du 20 mars 1883, revisée à Bruxelles le 14 décembre 1900, à Washington le 2 juin 1911, à La Haye le 6 novembre 1925, à Londres le 2 juin 1934,à Lisbonne le 31 octobre 1958 et à Stockholm le 14 juillet 1967, et modifiée le 28 septembre 1979. Geneve: Organisation Mondiale de la Propriété Intellectuelle: Base de données de l'OMPI sur les textes législatifs de propriété intellectuelle*, 2003.

WIPO. ***Trademark Law Treaty*** (*Adopted at Geneva on october 27, 1994*). Geneva: *World Intellectual Property Organization*, 1994.

Este livro foi composto nas tipologias Garamond, Arial regular e Arial Narrow, por Letras da Província, com miolo impresso em papel Suzano Alta Alvura $90g/m^2$ e capa em papel Triplex $275g/m^2$, nas oficinas da Gráfica TM, no mês de agosto de 2012, para a editora Juris Doctor.

www.ingramcontent.com/pod-product-compliance
Lightning Source LLC
LaVergne TN
LVHW041517170726
843492LV00005B/1542